DÉSIRÉE NICK

NEIN

IST DAS NEUE JA

"
WARUM WIR
NICHT ALLES
ABnickEN
MÜSSEN
"

W0178561

BOOKS

Wie immer für meinen Sohn,
HRH – Prince Oscar

Inhalt

NEIN ist der letzte Schrei!   7

1   Fifty Shades of NEIN
    oder Wie werde ich der Mensch, der ich sein will?   15

2   NEIN zu Pille-Palle
    oder Wie ich wirklich bin und wer ich hätte
    sein können   25

3   NEIN zu Insta-Bitches und Reality-Dirnen
    oder Selbst ist die Frau!   35

4   NEIN zum virtuellen Gift
    oder Digital Detox macht faltenfrei!   45

5   NEIN zu halbherzigen Verpflichtungen
    oder Die Kunst des negativen Denkens   53

6   NEIN zu Peanutbutter-Partys
    oder Warum wir nicht jedem gefallen müssen   61

7   NEIN zu Konfliktscheuheit
    oder Streit in the City   71

8   NEIN-Sagen für JA-Junkies
    oder NEE im Büro   79

9   NEIN zum Chaos – JA zum Leben
    oder Warum NEIN das neue JA ist   89

10   Warum NEIN eine rundum positive Sache ist
    oder Räumt gefälligst eure Schränke auf!   97

11   NEIN zu falschen Entscheidungen
    oder Wie man alles mit Links macht   109

12 NEIN, NEIN und nochmals NEIN!
    oder Die Not-to-Do-Liste   115

13 NEIN in the City
    oder Die Shopping-Queen sagt NÖ   127

14 NEIN im Schuhparadies
    oder Peace, Love and Flipflops!   137

15 NEIN zum Schnäppchendelirium
    oder Shopping fiktiv   153

16 NEIN zum Beauty-Wahn
    oder *Hello, Doctor!* – der Rettungsanker
    für lauwarme Celebrities   165

17 NEEEIIIN zum Vokuhila
    oder Die Hochzeit des Figaro   179

18 NEIN im Kinderzimmer
    oder So sagen Sie Kindern den Kampf an!   189

19 NEIN mit gaaaaanz viel Glitzer-Topping!
    oder Die magische Mutti sagt NEIN   203

20 NEIN zu Trübsal und Starrsinn –
    JA zu Albernheit und Blödsinn
    oder Die gute Kinderstube   215

21 NEIN zu Taktlosigkeit
    oder Die Hohe Schule der Diplomatie   221

22 NEIN zur Selbstverleugnung
    oder *Everybody's Darling?* Och NÖÖÖÖ!   235

23 JA zum NEIN   243

Dank   253

NEIN ist der letzte Schrei!

Jaaah! NEIN zu sagen ist in unserer Gesellschaft oftmals ein Problem. Warum ist es eigentlich so schwer, auszudrücken, was wir wirklich wollen?

In der Hoffnung, gute Beziehungen zu unseren Mitmenschen aufzubauen, sagen wir zu allem möglichen übereilt JA und stellen am Ende fest, dass wir Zeit, die wir nicht haben, mit Menschen verbringen, die wir nicht leiden können, wobei wir Dinge tun, die wir nicht wollen.

Am Ende mündet die ganze unüberlegte JA-Sagerei doch nur in ein großes NEIN zu uns selbst. Die Folgen sind bekannt: Burnout, Stress, Depression, Unzufriedenheit, Schlaflosigkeit und ein bunter Strauß an psychosomatischen Beschwerden in allen Varianten. Von Kopfschmerzen bis Rücken, die Last, die wir tragen, haben wir uns zum großen Teil selbst aufgebürdet.

Wenn wir doch nur lernen könnten, angemessen NEIN zu sagen! Ohne Schuldgefühle und fadenscheinige Ausreden. Kurz und knapp. Ein »NEIN« an sich ist nämlich schon ein vollständiger Satz!

Wer gelernt hat, richtig NEIN zu sagen, hat am Ende Zeit gewonnen, um JA zu all den Dingen zu sagen, auf die es wirklich ankommt.

Die Hälfte aller Sorgen, Nöte und Probleme, die wir mit uns herumtragen, könnte sich in Luft auflösen, wenn wir uns eingestehen würden, dass wir gesellschaftlich alle zu

JA-Junkies erzogen worden sind. Weil es bequem ist – für die Anderen!

Doch gleich einem magischen »Abrakadabra« verfügen wir alle über die Möglichkeit, mit einer einzigen knappen Silbe dem Kurs unseres Lebens eine Wendung zu geben. Um die Dinge zu verwandeln, benötigen wir nicht mal einen Zauberstab, sondern lediglich die Magie des Wörtchens NEIN. Und diese Zauberformel steht uns allen in unendlicher Fülle zur Verfügung. Was für eine Währung!

Schlicht und mit einem geradezu hypnotischen Singsang kommt ein NEIN in allen Sprachen daher: No. Njet. Non. Não. Ne. Na. Nei. Nie. Nej. Nem. Nee.

Und mehr als das braucht es nicht, um unser Leben, unsere Zukunft, unsere Ziele, Mitmenschen, Kollegen, Familie und Kinder zu formen, zu steuern, zu entwickeln und voranzubringen. Ist das nicht enorm?

Hinter der Buchstabenfolge N, E, I und N verbirgt sich das volle Potential, Macht über unser eigenes Leben und das anderer Menschen zu entwickeln.

Einfach mal vom Sofa aufstehen und NEIN sagen zu allem, was schon immer genervt hat: Eine Option, die jeder hat, kostenfrei und ohne auch nur einen einzigen Vertrag zu unterschreiben. Es ist es wahrlich wert, diese einzigartige Möglichkeit genauer zu betrachten.

Die Magie des NEIN beinhaltet unser Recht auf persönliche Gestaltungsfreiheit. Wer wir sind, wer wir sein könnten oder werden wollen, definiert sich nämlich durch die eigene Abgrenzung: Wie könnten wir Persönlichkeit und Kontur entwickeln, wenn das Wörtchen NEIN uns nicht zur Verfügung stünde?

Als JA-Sager wurden wir nicht konzipiert – als Individualisten durchaus. Aber warum sagen wir dann trotzdem viel zu oft zu allem »JA« und »Amen«? Was für ein Paradox! Umso mehr, wo doch kraftvoller Widerspruch direkt der Wesensart der Deutschen entspricht! Sei es der bayrische Grantler, der motzende, meckernde Berliner, der maulende Brandenburger, das keifende schwäbische Weible, die schmallippige, meckernde norddeutsche Ziege, der tiefgründig grübelnde Sachse, der seine Bäbe einditscht und sich dabei empört, der anprangernde Kumpel aus dem Pott – all diesen Stimmungen liegt doch ein tiefempfundenes NEIN zugrunde: NEIN zu den Umständen, NEIN zur Politik, NEIN zur Gesellschaft, NEIN zum Fernsehprogramm, zu Klassenunterschieden, Schwiegertöchtern, zu Gefahren, Gefährdungen, Verführungen, oder zu allem Fremden und Unbekannten. NEIN zu Ungewissheit, Unsicherheit und Ungerechtigkeit. NEIN zu allem was Sicherheit, Integrität und persönliche Würde bedroht.

Tatsache ist: Ohne die Möglichkeit des Verneinens könnten wir gar nicht überleben. Nicht umsonst üben schon Kleinkinder in der Trotzphase kraftvoll und erbittert die Kunst des entschiedenen NEIN-Sagens!

All dies sind keine Petitessen. Und als Königin der Selbstreflexion bietet sich hier für mich eine grandiose Steilvorlage, JA zum Selbstversuch zu sagen, dessen Ergebnisse im Laufe jahrzehntelanger Analyse zu diesem Buch und einem neuen Bewusstsein geführt haben. Und so viel kann ich Ihnen sagen: NEIN, heute bin ich *nicht* um 6 Uhr aufgestanden, bin *nicht* vorm Frühstück um den Block gejoggt und habe auch *keine* 100 Sit-ups gemacht. Das Einzige, was in den letzten zehn Jahren davon dünner geworden ist, ist nämlich der Teppich, auf dem mein Arsch vor- und zurückrutscht.

Anschließend habe ich *nicht* etwa ein gesundes Müsli gegessen und dazu auch *keinen* grünen Sellerie-Smoothie getrunken. Iiiiih, bewahre! Ich nahm ein französisches Frühstück mit Orangensaft, einem lauwarmen Croissant, Butter, einem wachsweichen Ei und einem Café Olé zu mir.

Heute Mittag habe ich den Businesslunch *abgesagt*, der dazu dienen sollte, ein Projekt zu erörtern, an dem ich nur vage beteiligt bin. Eigentlich will man nur meine Kontakte und denkt wohl, dass ich so blöd bin und das nicht merke.

Beim Frisör habe ich »Ach NÖÖÖ« zum 50%-Sonderrabatt auf einen ausrasierten Nacken mit eingefärbtem Undercut gesagt und im Getränkemarkt »NEE, NEE, NEE« zu einem Sixpack »Kalte Muschi« plus einer extra Gratisflasche Himbeerbowle.

»NEIN« habe ich auch zu meiner lesbischen Stalkerin gesagt, die mit mir dringend am Wochenende im Spreewald zelten und Gurken ernten will.

Das abendliche After-Work-Medientreffen in Berlin-Mitte habe ich komplett *ausfallen lassen* und die Premiereneinladung zu Holiday on Ice *gar nicht erst* beantwortet.

Ich schreibe heute Abend auch *keinen* kostenlosen Artikel für eine Website, deren Betreiber selbst kein guter Autor ist, und ich gebe auch diesem Radiosender *kein* Interview für irgendeine Online-Plattform, die von kleinwüchsigen, blinden Korbflechterinnen in Australien betrieben wird.

Natürlich habe ich auch »Ach NÖ« zu den 5.000 Freundschaftsanfragen gesagt, die auf meinen Social-Networking-Portalen bislang unbeantwortet geblieben sind.

All diese Dinge hätte ich heute tun sollen und tun können – aber ich habe NEIN dazu gesagt.

Und damit liege ich schwer im Trend! Denn NEIN ist das neue JA. Es ist die modernste und smarteste Antwort für erfolgreiche und schöne Menschen.

Die Macht des NEIN kann Ihr Leben verändern. Ob man nun NEIN zu Arthritis, Herzinfarkt, Fettleibigkeit, Depression, Drogen, Alkohol, Faulheit oder Einsamkeit sagt – wir kommen ohne das entschlossene und selbstbewusste NEIN nicht aus, wenn wir reich und glücklich werden wollen.

NEIN ist ein kurzes und einfaches Wort. Das hat der liebe Gott extra so gemacht. Nicht schwer auszusprechen. Doch warum will uns gerade dieses entscheidende Wort meist nicht mühelos über die Lippen kommen?

Wer NEIN sagt, hat die Macht. Er wird zum Entscheider. Bremst aus. Stellt Weichen. Lenkt. Klar, dass diese aus nur einem einzigen kurzen Wort bestehende Waffe Angst macht. Denn wie jedes Machtmittel kann ein NEIN ein Dolchstoß sein oder eine neue Richtung für die Zukunft vorgeben. NEIN ist ein Schlüsselbegriff. Wir schaffen damit Struktur, Ordnung, Identität und definieren, wer wir sind. Jeden Tag haben wir unendlich viele Gelegenheiten, uns weiterzuentwickeln, doch wir machen davon nur selten Gebrauch. Die JA-Sagerei ist zum Reflex geworden.

Warum nicken wir unüberlegt all die Dinge ab, die uns eigentlich gar nicht in den Kram passen?

Klar, wir wollen andere Menschen ungerne zurückweisen, weil wir es selbst hassen, zurückgewiesen zu werden. Wir fürchten, als unbequem zu gelten, als unbeliebt, wir fürchten Rache, wir fürchten Schuldgefühle. Wir wollen keinen Konflikt.

Wir wählen den Weg des geringsten Widerstandes. Und wenn wir innerlich schreiend vor der Verpflichtung davonlaufen, während der Ferien die Fische der Nachbarin zu füttern, setzen wir nach außen hin ein freundliches Gesicht auf und murmeln ein halbherziges »Okay«.

Der Wunsch, überall als *easy going* bekannt und beliebt zu sein, hat aus uns JA-Junkies gemacht. Doch diese dauernde Unterwerfung haben wir uns in mühevoller Arbeit selbst antrainiert, und – das ist die wirklich gute Nachricht – wir können sie auch wieder *ver*lernen. Wie? Die Anleitung halten Sie schon in der Hand.

Finden Sie heraus, wie Sie entscheidungsfähiger werden können, Ballast abwerfen, Ihren Zielen näherkommen und lernen, individuelle Grenzen zu ziehen. Grenzen zwischen den Interessen anderer und Ihren eigenen. Werden Sie ein Meister im NEIN-Sagen: Denn niemand kann *Everybody's Darling* sein! NEIN-Sagen ohne Schuldgefühle, NEIN-Sagen aus Überzeugung, das ist der Schlüssel zu mehr *Zeit, Geld* und Ihrem ganz persönlichen *Seelenfrieden!* Denn den findet keiner ohne Abgrenzung. Und die Orientierungslosigkeit, die Informationsflut, die Unendlichkeit der Angebote war nie größer als heute.

Mit einem einfachen NEIN sagen Sie JA zu all den Dingen, die Ihnen wirklich am Herzen liegen, von denen Sie immer geträumt haben und für die Sie schon längst mal Platz in Ihrem Leben schaffen wollten.

NEIN ist der wertvollste Bestandteil unseres Wortschatzes. Und damit das positivste Wort, das uns zur Verfügung steht.

Also nutzen Sie es! Man muss schließlich nicht jeden Quatsch mitmachen ... und sich dann am Ende wundern, warum es einem nie gelungen ist, den eigenen Arsch aus der Schattenseite des Lebens herauszubewegen.

Dies ist ein Buch übers NEIN-Sagen, aber die Voraussetzung für Ihre neue Wunderwaffe ist, dass Sie zu dieser Anleitung JA sagen. Ein allerletztes Mal! Denn seit heute hat das NEIN Kultstatus!

Und NEIN, dies ist wirklich kein traditionelles Selbsthilfebuch. Eher ist es eine Inspiration, wie man von derlei Anleitungen unabhängig wird, indem man lernt, sich Müll vom Halse zu halten.

Wir werden bei uns selbst anfangen: NEIN zum Fastfood sagen, NEIN zu Schuhen, die eine Nummer zu klein sind, zu BHs, deren Stäbe sich in den Muttispeck bohren, NEIN zum News-Müll und NEIN zu Menschen, die uns nur Energie absaugen. Schlechte Angewohnheiten, mieses Essen, faule Kompromisse, nervige Kollegen, dröge Freundschaften, langweilige Einladungen, schlechte Fernsehprogramme sind der beste Einstieg, um die Fremdbestimmung durch Andere nicht mehr länger zu akzeptieren.

Die 1.000 Kleinigkeiten, zu denen wir uns ständig breitschlagen lassen, sind ein lähmendes Gift, das mit einem harmlosen JA daherkommt.

Mit einem JA zum NEIN wird nicht nur der Kopf frei fürs Wesentliche, wir finden zu einer völlig neuen Haltung.

Viele kleine NEINs im Alltag können Großes bewirken und machen ein JA aus Überzeugung umso wertvoller. Denn nur wer wirklich NEIN sagen kann, verleiht seinem JA Bedeutung! Mit unserem bewussten NEIN beziehen wir Position und schaffen Raum für ein JA, das wir auch aus vollstem Herzen so meinen!

Sie werden lernen, in Zukunft bewusst darüber zu entscheiden, was Sie ablehnen und was nicht. Ab jetzt bestimmen Sie die Richtung, denn in Ihrer Hand liegt die Anleitung zur Instant-Kurskorrektur.

Mein smarter Wegweiser zu mehr Effizienz und Lebensfreude kommt nicht etwa als strenges Boot Camp daher, sondern gleichsam als lockere Unterhaltung. So wie man mich kennt und liebt!

Ich verspreche Ihnen: Sei es daheim, in der Familie, im Umgang mit Kindern, sei es bei Nachbarn, Freunden oder Kollegen, bei der Arbeit, im Job, in der Freizeit oder beim Spießrutenlauf in all den Shoppingparadiesen dieser Welt – wir sagen nicht mehr JA, wenn wir eigentlich NEIN meinen!

Meine bibliophile Leserschaft kann gleich mittendrin beginnen und thematisch dort einsteigen, wo es am meisten zwickt. Sagt einfach NEIN zur vorgegebenen Reihenfolge!

Und das besonders Schöne: Da alle meine Werke pro Kapitel maximal zehn bis zwölf Seiten umfassen, hat man beim Lesen meiner Bücher immer ein Erfolgserlebnis, wenn es vorm Schlafengehen heißt: »Heute schon wieder drei Kapitel geschafft!« Darauf warten Sie bei *Krieg und Frieden* ein halbes Jahr!

1
Fifty Shades of NEIN
oder
Wie werde ich der Mensch, der ich sein will?

Ist es nicht allgemein üblich geworden, sich mit einem flott hingehauchten »JA«, wahlweise auch einem vielleicht etwas weniger enthusiastischen »Okaaay« oder einem hippen »Suuuupi« aus der Affäre zu ziehen? Indem wir Zustimmung suggerieren, hoffen wir darauf, Debatten aus dem Wege gehen und uns *easy going* durch den Alltag schlängeln zu können. Wir wollen uns doch beileibe nicht mit Allem und Jedem anlegen ... Da lassen wir uns lieber breitschlagen und passen uns schön weichgespült an. Bloß nicht als »schwierig« gelten, denken wir uns – lieber unauffällig im Strom mitschwimmen ohne anzuecken und sich halbherzig durchschlängeln. So leben Millionen von Menschen.

Der Preis? Verlorene Freiheit und mangelndes Selbstbewusstsein! Aus vielen kleinen, halbherzigen Kompromissen wird am Ende ein gigantischer Dschungel aus ineinander verschlungenen Verpflichtungen, Zwängen und Zugeständnissen, die ins Chaos führen.

Kennen wir doch alle: Das JA als Kundin zu all den Kompromissen beim Einkaufen, das JA als Mutter gegenüber nervigen und quengelnden Kindern, das »Na gut, dann macht doch, was ihr wollt« (ein maues Zugeständnis, das gemeinhin als JA interpretiert wird), all die endlosen Kompromisse in Verträgen, Vereinbarungen und Geschäften: sei es das JA zum Schuh, der eigentlich eine Nummer zu klein ist, das JA beim Friseur zum asymmetrischen Pony, wenn man doch eigentlich nur neue Strähnen wollte, das JA zur Mittelkabine auf dem Kreuzfahrtschiff, wenn der Platz an der Sonne bereits ausgebucht ist, sei es der Katzentisch im Restaurant oder die Pauschalreise nach Gran Canaria, obwohl wir eigentlich in die Karibik wollten ... Eines ist klar: Wer nicht den Mut zum NEIN findet, kann am Ende des Tages kein Gewinner sein! Wir bleiben frustriert zurück und fragen uns, was bloß wieder schiefgelaufen ist.

Es wird generell von uns erwartet, dass wir bequem und leicht zu verwalten sind. Für die anderen! Um den Einzelnen geht es ja in unserer Gesellschaft schon lange nicht mehr. Man betrachte das lauwarme Einheitsgeplänkel in den inzwischen demonstrativ Harmonie verbreitenden Talkshows, den weichgespülten Unterhaltungswert seicht und beliebig gewordener Formate, die Speicherung all unserer Daten und die amtliche Verbuchung unseres Schicksals: Sie alle sorgen langsam, aber beharrlich dafür, dass wir uns widerstandslos dem Willen und den Zielen von Institutionen, Konzernen und Organisationen überlassen. Und dann betrachten wir sehnsüchtig die Leben derer, die uns als Superstars serviert werden, und wundern uns, warum unser eigenes Dasein nur ein armseliger Abklatsch davon ist.

Doch damit ist jetzt Schluss! Die endlose Flut von Informationen, die tagtäglich über uns ausgekübelt werden, die unüberschaubare Vielzahl von Angeboten und Optionen, die auf uns niederprasseln, die Aktualisierung von *latest news* im Minutentakt ... all das erfordert dringend, das wir selektieren. Und das bedeutet: Entscheidungen treffen! Uns abgrenzen. Unsere Individualität bewahren und verteidigen. Uns nicht wie ein Stück Treibholz mitreißen lassen.

Bei jeder Entscheidung, die wir treffen, ist das NEIN eine von vielen verschiedenen Optionen, die wir haben. Doch ein NEIN erfordert Mut, Durchsetzungsfähigkeit und Selbstbewusstsein.

Mit dem eigentlich leicht auszusprechenden Wörtchen NEIN können wir uns für den einzig richtigen Weg entscheiden – um am Ende das zu kriegen, was wir tatsächlich haben wollten!

Entscheidungskraft und Gradlinigkeit sind die Wunderwaffen der erfolgreichsten Menschen und können auch Ihren persönlichen Weg zu einer »stromlinienförmigen« Psyche begleiten. Werden Sie charakterlich sandgestrahlt wie ein makelloses Jaguar-E-Type-Cabriolet: Einfach hinreißend, auch für jene, die sich gar nicht für Autos interessieren! Sich stromlinienförmig wie ein Delfin seinem Element anzupassen, mühelos zu höchster Effizienz zu gelangen, erhaben über Unbill und Gefahren und dennoch stets elegant an den Niederungen des Alltags vorbeizugleiten ist ein Verhalten, das sich erlernen lässt: Und zwar durch ein ganz bewusstes JA zum NEIN.

Denn ein JA zu mehr Geld, Zeit und Lebensfreude basiert darauf, dass wir uns mit unserem NEIN ganz bewusst *gegen* all das entscheiden, was uns von unseren Zielen abbringt. Auf diese Weise verwandelt sich unser Veto zu einer rundum positiven Sache!

Die Kunst des NEIN-Sagens schafft Raum für all die besonderen Dinge, zu denen wir von ganzem Herzen JA sagen wollen. Daher brauchen wir als Schlüssel zum Glück den

Mut, Entscheidungen zu treffen und auch dort NEIN zu sagen, wo es nicht unbedingt populär erscheint.

Und dies gilt für alle Bereiche:

NEIN bei der Arbeit

So großzügig man sich in den kleinen Dingen auch geben mag, so unbeirrbar klar muss die Linie eingehalten werden, wenn es um das große Ganze geht. Schließlich verweigern unsere Computer auch mal den Dienst und sagen:»NÖ!« Bleiben Sie als Mitarbeiter hart, wenn man Sie für die nächste Sonderschicht oder»Spezialaufgabe« weichklopfen will. Und kochen Sie als Chef ruhig mal für alle den Kaffee, wenn der Azubi sich lieber die Nägel lackiert.

NEIN in der Familie

Wer seine Kinder liebt, bleibt streng! Das ist wie in der Hundeschule. Wenn in Liebe und Familie das JA nicht aus Überzeugung kommt, sondern nur der Weg des geringsten Widerstandes ist, geht es ganz klar nur um die eigene Bequemlichkeit.»Ihr habt Recht, und ich hab meine Ruhe«? Das ist ein Prinzip, das böse Spätfolgen nach sich ziehen kann.

NEIN als Mutter

Gaaaanz enorm wichtig! Hier werden Weichen fürs Leben gestellt, hier wird die Zukunft unserer Kinder vorbereitet, hier wird entschieden, wer ein Weichei, ein Lappen, eine Couchpotato, wer fettleibig und faul, wer clever und geschickt sein wird. Es fängt mit dem NEIN zu den grünen Zuckerschlangen und Schleckmuscheln an der Supermarktkasse an und endet bei tanzenden und sprechenden

Joghurtbechern und selbstschneidenden Weihnachtsbäumen. Verbannt den Trash aus Eurem Leben, bevor Ihr selbst zu Sperrmüll werdet!

Nervenzusammenbrüche und hysterische Schreikrämpfe überstrapazierter Mütter lassen sich durchaus vermeiden: mit einem NEIN zur perfekten Kindergeburtstagsorganisation, die einem 3-Sterne-Event entspricht, einem NEIN zum x-ten Elternsprecherposten oder den acht verschiedenen Hobbys der Vierjährigen, die in Absatzpantoletten und Prinzessinnenkleidern aus Polyester unseren Alltag beherrschen. Man muss auf der Motto-Kindergeburtstagsparty nicht als grün angemalter Hulk die Tür aufmachen!

NEIN beim Sex

Gott sei Dank hat das Thema sexuelle Belästigung mit 100-jähriger Verspätung endlich den Weg in die Mitte der Gesellschaft gefunden. Die Kampagne all derer, die eine Grenze ziehen und das Recht der Frauen auf Selbstbestimmung einfordern, war auch dringend nötig, um etablierten Sexismus aufzuzeigen und hoffentlich endlich auszumerzen. Aber gleichzeitig zementiert sich parallel dazu ein Frauenbild, was mal eben 50 Jahre Frauenbewegung ausradiert.

Warum wird in Zeiten von politisch korrekter »NEIN heißt NEIN«-Kultur widerstandslos ein Frauenbild entworfen, das total surreal ist? Um nicht zu sagen: hässlich. Entweder Kardashian oder *Germany's Next Topmodel*. Millionen Mädchen orientieren sich an derlei Vorlagen und kapieren nicht, dass die gesamte Art der Präsentation in der professionellen Modewelt kein Stück erfolgreich wäre. Alle, die da mitmachen, sind viel zu gewöhnlich für den Job! Das ganze Konzept ist Science-Fiction und wird von einer Moderatorin geleitet, die es selbst auf den Laufstegen der Haute Couture nie geschafft hat – wenngleich sie ob anderer Qualifikationen ein Vorbild für optimale Selbstvermarktung ist. Aber die ahnungslosen Möchtegern-Starlets und deren Rangeleien als Schönheitsideal vorzuführen? Was soll das? Das Weltbild dahinter entspricht einem Frauenbild aus der Mottenkiste, welches nur Bestand hat, solange der Kopf dieser Barbies komplett hohl ist.

Ist es nicht traurig, dass es erst einer Kampagne bedarf, um klar zu machen, dass NEIN NEIN heißt? Eigentlich sollte ein NEIN in intimen Angelegenheiten eine Selbstverständlichkeit der Zivilisationsgesellschaft sein.

NEIN bei Männern

Tja, das sieht man ja oftmals erst mit großer Verspätung ein, dass man mal wieder tüchtig danebengelegen hat und es besser gewesen wäre, von Anfang an für klare Ansagen zu sorgen. Hinter dem pastellfarbenen Schleier der Sehnsucht nach Romantik sind wir mit unserem JA zum Traummann gefährdeter als irgendwo sonst. Und die Kerle wissen das! Hier müssen wir Frauen Selbstschutz aufbauen, um uns gegen Spott und Häme, sowie Schaden an Leib und Seele im Nachhinein abzusichern.

Die Emanzipation ist auf der Zeitskala der Menschheit gerade mal fünf Minuten alt – die Gleichberechtigung steckt in den Kinderschuhen. Männer wurden von ihren Müttern einfach nicht auf Frauen vorbereitet, die unabhängig, souverän, selbstbestimmt und dabei noch sexy und attraktiv sind. Gerade wenn wir schwach werden und geliebt werden wollen, kommt uns ein NEIN kaum über die Lippen. Die toughesten Geschäftsfrauen sind nicht selten die romantischsten. Aber Vorsicht: Männer kollabieren, wenn eine starke Frau schwach wird. Da wird unser NEIN zum Rettungsanker!

NEIN beim Schuhkauf

Wer kennt das nicht? Die verführerisch glitzernden Stilettos, die uns aus dem Schaufenster heraus zublinzeln und schreien:»Nimm mich mit, nimm mich mit!«... Leider gibt es sie mal wieder nur eine Nummer zu klein. Aber egal, vorne sind sie ja offen, das stehen wir tapfer durch ... und wenn dann die heißen Nächte im Flatterkleid kommen, schwellen die Füße an, und wir enden mit zugepflasterten Fersen und dicken Blasen, wo wir doch eigentlich die Prinzessin sein wollten. Ich mache sowas nicht mehr! Was im Laden nicht passt, wird auch nicht über Nacht im Schuhschrank auf wundersame Weise größer werden – ganz egal, wie verlockend uns die teuflische Verkäuferin auch zugeflüstert hat:»Oh, keine Sorge, das Leder dehnt sich auf jeden Fall noch! Jeder Schuh weitet sich beim Tragen!«

NEIN beim Shoppen

Okay, der Bauch ist fett, die Oberschenkel sind prall, aber ein neuer Badeanzug muss her. Oder gar ein Cocktail- respektive Corsagenkleid? Häng ich mir zu Hause hin, hmmm, kennen wir, nehme ich ab bis Silvester ist, morgen fange ich mit der Diät an, da hungere ich mich rein ... Ist ja noch zwei Wochen hin bis zu dem Date in meiner neuen sexy Korsage. *Forget it!* In zwei Wochen platzt der Reißverschluss erst recht aus allen Nähten, und ihr kriegt das viel zu enge Kleid nicht mal über euren dicken, fetten Wohlstands-, Spekulatius- und Latte-Macchiato-Arsch! Schränke voller Fehlkäufe befinden sich in den Müllsäcken, die um den Erdball in die Länder der Dritten Welt verschifft werden. Wahrscheinlich passen die schmalgeschnittenen H&M-Fummel den armen Inderinnen wie angegossen, aber das war doch nicht der Plan!

NEIN im Restaurant

Statt der Dorade doch lieber das T-Bone-Steak, das weg muss? Statt Spinat leider nur Broccoli? Statt kuscheligem Separée dann doch leider nur der Tisch zwischen Registrierkasse und Toilettentür? So gut kann es gar nicht schmecken, dass man sich wie ein Störenfried im Lokal abspeisen und wie Sperrgut deponieren lässt. Es gibt wahrlich genügend Lokale, die einen Ehrenplatz für uns übrig haben – hört endlich auf, euch mit den Brosamen und Almosen der Gastronomie abzufinden! Fordert ein, dass ihr das Gastrecht beim Wirt voll ausspielt, denn ihr seid die, die das Portemonnaie in der Tasche haben!

NEIN beim Friseur

Hier werden Entscheidungen über Leben und Tod getroffen. Wann legt man schon den Kopf in den Nacken wie auf einer Guillotine und liefert sein Haupthaar fremden Menschen aus, die mit scharfen Klingen den Rahmen unseres Gesichtes trimmen?

Theoretisch hat der Friseur eine Mordwaffe in der Hand, und wir sollten uns dringend gegen jegliche Form der Verstümmelung zu erwehren wissen, wenn es um einen Tatbestand wie Körperverletzung geht. Hier bietet sich ein fabelhaftes Übungsterrain, um unser Potential im NEIN-Sagen zu trainieren: »Bitte keine rosa Strähnchen, verdammt noch mal!«

NEIN bei der Telefonbefragung

Also ich lege immer gleich auf! Seien Sie bitte so unfreundlich wie möglich!

NEIN zu unverschämten Facebook-Anfragen, Influencern, Tinder, Grindr, YouTubern und Online-Fick-Börsen

Was wäre aus Cinderella geworden, wenn sie nicht leibhaftig zum Ball gegangen wäre? Heute prasseln Onlineevents und zweifelhafte Angebote auf uns herein wie einst billige Werbeanzeigen für die nächste Butterfahrt. Und wer will nicht einen großen Freundeskreis? Aber so etwas existiert eben nur wahrhaftig im echten Leben, und nicht virtuell. Wie verwaltet man Bekannte, Communities, Freundeskreise, Whatsapp-Gruppen und Herzensangelegenheiten?

Seien wir doch ehrlich: Jeder, der ein Instagram-Profil bedienen kann oder eine Facebook-Seite hat, ist mittlerweile Influencer. Menschen, die sich Insta-Bitches nennen, deren Vita nicht mehr als einen YouTube-Schminkkanal und 10.000 Selfies aufweist, sollen ab sofort jene sein, die uns beeinflussen? Sorry, Leute, da bin ich raus! Ich lasse mir mein Leben doch nicht von unterprivilegierten Drecksschlampen fremdbestimmen!

NEIN zu 24/7-Online-Verfügbarkeit

Einfach mal den Stecker ziehen und die digitale Parallelwelt abschalten. Für viele unvorstellbar! Dabei kann aus dem Fenster und in die Wolken schauen höchst produktiv sein.

Eins steht fest: Ohne »Digital Detox« werden wir die nächsten Jahrzehnte nicht überleben! Ich lösche, was das Zeug hält ... Denn wer braucht virtuellen Müll, *hater* und Shitstorms? Man braucht Zeit zum Alleinsein. Nur so funktioniert Reflexion! Dieser Freiraum ist nicht vorgesehen in der virtuellen Welt. Aber wir alle haben die Macht, NEIN zu sagen und uns auszuklinken. Dann kann uns nämlich keiner mehr was!

Macht entfaltet sich, wenn man online nicht kontrollierbar ist. Nutzen Sie die revolutionäre Gelegenheit, offline zu sein. Lernen Sie, wieder zuzuhören ... willkommen in der Wirklichkeit!

Unendlich viele Gelegenheiten, NEIN zu sagen, bieten sich uns allen tagtäglich. Wir müssen sie nur nutzen!

Leider trauen sich das die wenigsten. Als Autorin ist es mir leider nicht gegeben, Ihnen in den Hintern zu treten. Dafür aber nehmen wir gemeinsam das Thema so unter die Lupe, dass der neu gefundene Mut zum NEIN Ihnen Flügel verleihen wird. Ich glaube nicht, dass ich übertreibe, wenn ich sage, dass wir alle uns wünschen, ein langes und gesundes und möglichst glückliches Leben zu führen. Das Glück stellt sich allerdings nur ein, wenn wir wachsen, uns entwickeln und Hindernisse zu überwinden wissen. Teure Cremes und Liftings werden das Altern nicht stoppen, denn Menschen altern innerlich. Und da sieht es oft wüst aus.

Unser Innenleben hat einen wesentlich größeren Anteil am Altern als ein paar Falten. Ein unflexibler Geist und ein verrosteter Körper sind die wahren Zeichen des Alters.

Ich bin stolz darauf sagen zu können, dass ich drei Mal beim Burning-Man-Festival in Texas war und immer noch Spagat kann.

Und zwar in alle drei Richtungen!

2
NEIN zu Pille-Palle
oder
Wie ich wirklich bin und wer
ich hätte sein können

Also gleich mal eines vorweg: Ich bin weder Kommunikationswissenschaftlerin noch Soziologin. Dies sei eingangs klargestellt, da ich in zahllosen Talkshows, Interviews, medialen Formaten und Kolloquien stets als Expertin eingeführt, vorgestellt und befragt werde. Befragt zu den großen Debatten ums Menschsein, befragt zu politisch brisanten Themen, befragt zu allen Problemstellungen, die das Leben so aufwirft. Sei es Kunst, Kultur, Religion, Politik, Sexualität, Kochen, Boulevard, Altern, Tratsch und Klatsch, Adel, Prominenz, Unterleibsbeschwerden.

Und immer, wenn ich das Vergnügen habe, neue Kontakte mit diesen Koryphäen und Experten höchsten Ranges zu knüpfen, darf ich mir anhören, ich hätte den Beruf verfehlt:

»Mensch Frau Nick, an Ihnen ist aber auch eine Politikerin verlorengegangen!« – sagte damals schon Klaus Wowereit!

»Schade, dass Sie nicht weitergemacht haben an der Schule, mit Ihnen wäre Religionsunterricht wieder richtig populär!«, meinte unsere Familienministerin Dr. Franziska Giffey.

»Frau Nick, Sie sind eine großartige Gastgeberin, im diplomatischen Dienst hätten Sie eine Riesenkarriere gemacht. Sie als Botschafterin, das wäre genau, was die Welt braucht!« – an dieser Stelle nenne ich keinen Namen, da ich das kleine Einmaleins der Diplomatie beherrsche. Und was ist? Stattdessen mache ich Ballett! Nichts Ordentliches gelernt, von Widersachern als Tingeltangeltante beschimpft, von Fans zur Ikone erkoren. Reingerutscht bin ich in diese bunte Welt, weil ich eine sehr flexible und anpassungsfähige Künstlerin bin, deren größtes Verdienst es anscheinend ist, dass sie sich selbst erfunden hat. Ein Star aus Notwehr, der niemanden nachäfft. Ein Unikat. Ein Original, oft kopiert, nie erreicht. Von keinem zu verbiegen, furchtlos und eisern. Schon recht preussisch. Obwohl mir die prallgefüllten Berge in jedem Dekolleté Bayerns sehr imponieren und ich im Dirndl als blonder »Saupreiss« die Herzen im Alpenland höherschlagen lasse. Überhaupt, ich und Folklore: Das ist auch eine Geschichte, die noch nicht zu Ende erzählt ist. Die Jodelei steht ganz oben auf meiner To-Do-Liste! Florian Silbereisen hatte es mir auch empfohlen. Aber jetzt lerne ich erstmal Gospel.

Vor kurzem wurde ich sogar für ein Nacktformat im TV angefragt. Ich habe einfach für BILD blankgezogen. Das ging schneller als eine Woche *Adam sucht Eva* in der Südsee. Blankziehen fand bei mir sogar schon Anfang der 1990er statt. Eigentlich mit dem Mauerfall! Wahrscheinlich eine Übersprungsreaktion auf das Ende der DDR. Ich habe Entblößung immer als künstlerischen Akt empfunden. Als Aussage. Es hatte mit Nacktheit überhaupt nichts zu tun, die fand eher nebensächlich statt. Soviel nur zu meiner Bandbreite! In der Regel unterhalte ich mich angezogen mit Leuten.

Inzwischen finde ich es ausgesprochen diskriminierend, dass in der Verwaltung noch kein eigenes Ressort für mich geschaffen wurde. Die Schublade für meine Karteikarte muss erst noch gebaut werden. Jegliche amtliche Zuordnung meiner Person mutet unzulänglich an, deckt quasi nur einen Bruchteil des Gesamtkunstwerkes ab.

Ich habe mir überlegt, dass ich in Zukunft auf amtlichen Formularen den Beruf »Clown« eintragen werde. Denn wenn ich angebe, »Unterhaltungskünstlerin« zu sein, scheide ich in Deutschland automatisch als Schauspielerin aus. Da würde ich dann vom Jobcenter wahrscheinlich an eine Stelle vermittelt werden, wo ich im Club als Faktotum an der Stange tanzen darf.

Gebe ich jedoch »Schauspielerin« an, muss ich mir anhören: »Ach, machen Sie gar keine Shows mehr?« Gastiere ich mit einer Lesung, heißt es hingegen: »Sie spielen wohl gar nicht mehr Theater, jetzt wo Sie Autorin sind?«

Wenn es einen Aspekt gibt, den ich bei meiner Zukunftsplanung immer übersehen habe, dann ist es wohl der Aspekt der Sicherheit. Dazu kann ich nur sagen: Solange ein Schiff im Hafen liegt, ist es sicher. Dafür wurde es aber nicht gebaut. Die offenen Wellen des Lebens haben mich stets mehr gelockt als ein fester Anker und ein sicherer Liegeplatz.

Okay, der Wind hat mir oft stärker um die Ohren geblasen als ich geplant hatte, die peitschende Gischt hat mir definitiv in unpassenden Momenten die Frisur zerstört, aber die Reise hat mich auf unentdeckte Inseln des Lebens geführt.

Und Leute, was sich da in den letzten 30 Jahren im Showbusiness getan hat, das ist ein Science-Fiction-Film!

Jedes Mal, wenn ich den Fernseher einschalte, sehe ich degenerierte Opfer unserer Gesellschaft, die sich bis zur Unkenntlichkeit zu einem Alien haben umoperieren lassen und mit ihrer Selbstverstümmelung makabren Unterhaltungswert bieten. Unsere Gesellschaft schaut ja nur noch hin, wenn Abnormitäten präsentiert werden. Man hat sich öffentlich-rechtlich ganz klar gegen die Kunst entschieden und zu Bildung definitiv NEIN gesagt. Dazu fällt mir nur ein: *Pfui Deibel!* So klingt nämlich ein krasses NEIN! Immerhin sind meine Kommentare zu den Knalltüten unserer Zeit hochdotiert! Fragen Sie Frau Nick nach ihrer Meinung zu Posern, Blendern, Nervenschändern, und das Unterhaltungsprogramm ist gerettet.

Nur ob ich auch begrapscht und sexuell belästigt wurde, selbstredend Mitte der 1980er, das hat noch keiner zu fragen gewagt! Wahrscheinlich wohlahnend, dass die Signale, die ich sende, dazu von Hause aus nicht unbedingt einladen. Und so viel gleich vorweg: *#MeToo?* NEIN! Eins in die Fresse würde es geben, wenn mir der Herr Direktor im Bademantel die Hotelzimmertür öffnet. Nun ja, ich – dankenswerter Weise mit mehr als zwei Gehirnzellen gesegnet – würde ja gar nicht erst hochgehen. Natürlich gab es Offerten! Meine Antwort? »Nee, lass mal stecken ... ick mache keene Geschäfte in Schlafzimmern!«

Vertragsangebote? Projektbesprechungen? Immer nur, wenn zwischen mir und dem Produzenten ein Schreibtisch steht! Und ich garantiere: Sex auf dem Konferenztisch ist das Unbequemste, was es für eine Frau nur geben kann. Einmal und nie wieder! In meinem Metier bedeutet eine Vergewaltigung ja auch eher, mir gegen meinen Willen die Haare abzuschneiden. Oder mich festzuhalten und zu schminken.

Offerten von heterosexuellen Producern, Intendanten, Regisseuren, Filmbossen hingegen: Es bleibt beim klaren NEIN!

Muss ja herrlich sein für manche Kolleginnen, wenn man zufälligerweise von einem Typen, auf den man eh steht und mit dem man großartigen Sex hat, noch Verträge und Drehbücher rübergereicht bekäme. Ist mir leeeider noch nie passiert. Ich kenne aber allerhand Kolleginnen, die fleißig ihren Dienst am Mann geleistet, aber trotzdem keine Rollen bekommen haben. Die haben alles gegeben und sind dennoch leer ausgegangen. Darüber spricht auch keiner.

Ich wurde nie begrapscht oder anderweitig sexuell belästigt. Aber ich habe auch Antennen entwickelt, die bis in die Unterhosen meiner Gegner reichen, und ich mache keinen Hehl aus meiner Meinung. Obwohl dies Standard sein sollte, gilt es als ungewöhnlich. Mit Ehrlichkeit fällt man bereits aus dem Rahmen. Die Menschen reagieren sogar erschrocken und sind perplex, wenn man einfach nur die Wahrheit sagt. Oftmals bekommen sie sogar Angst. Die Männer, die mir wirklich beigestanden haben, waren stets Typen, denen aus dem Arsch zwei Regenbogenfahnen wuchsen.

Noch etwas: Es interessiert mich herzlich wenig, was über mich in der Zeitung steht, solange es nicht die Wahrheit ist! Die Presse ist kein Beichtstuhl. Und auch nicht meine Kathedrale! Sie ist ein Organ, aber keine beste Freundin. Schlittenfahren mit den Medien kann Spaß machen, aber man muss sich warm anziehen und damit rechnen, dass man sich unter Umständen ein paar blaue Flecke holt.

Fassen wir zusammen: Bei alldem, was mir als Marke und Titel so übergestülpt wurde – sei es Kodderschnauze, Dreckschleuder, spitzeste Zunge der Nation, Diva, Königin der Schlagfertigkeit, Kaiserin des Boulevards, die Fürstin des Klatsch und Tratsch, the Soul of Berlin ... –, die Opferrolle will einfach nicht zu mir passen. Man nimmt sie mir nicht ab. Zurecht!

Vielleicht hat das schöne Theologiestudium ja doch ein paar Spuren hinterlassen, um – gewappnet mit einer Lehrbefugnis bis zur Oberstufe – auch Trashformate unbeschädigt durchzustehen. Wer in der Seelsorge der Jugendstrafanstalt Plötzensee beliebte Praktikantin war und mit Minderjährigen, die mit der Axt ihre Oma erschlagen haben, das Sonntagsfrühstück moderiert hat, der kippt eben nicht so leicht aus den Latschen. Weder bei Big Brother noch im Dschungel. Mit der richtigen Kleidung und dem richtigen Humor lässt sich jedes Elend durchstehen. Wobei das, was uns als schicke Mode angedreht wird, zumeist hässlicher ist als ein nackter Körper es je sein könnte. Denn unsere Haut, dieses Geschenk Gottes, ist das schönste Kostüm, das man tragen kann.

So könnte ob der Bandbreite meines medialen Einsatzes durchaus der Eindruck entstehen, ich sei Vorsitzende des Bezirksleiterinnentreffens von Tupperware! Einfach überall zur Stelle und gern gesehener Gast, wenn brisante Themen, unvereinbare Ideologien und Streitgespräche auf der Tagesordnung stehen.

Jedenfalls bin ich beliebt als eine, die im Expertenteam und als Notnagel überall *bella figura* macht. Man kann mich als Gast sowohl neben die Königin von England als auch neben eine Prostituierte setzen, und beide werden am Ende sagen, was ich doch für eine umgängliche und nette Person sei. Obwohl ich doch eigentlich all das gar nicht bin, sondern lediglich eine Berliner Entertainerin – alleinerziehend, wohlgemerkt.

Und immer wieder enden die Interviews mit der Frage:»Frau Nick, könnten Sie sich vorstellen in die Politik zu gehen? Erklären Sie uns die AfD! Wieso, weshalb, warum? Was würden Sie besser machen? Warum tun Sie es dann nicht? Dürfen wir Sie in den Vorsitz des Bundesverbandes Alleinerziehender bitten? Ehrenamtlich, natürlich!«

Also mit dem, was heute so in der Politik auf die Überholspur kommt, möchte ich jedenfalls nichts zu tun haben.

Da wäre mein Alter Ego doch lieber eine ausgefuchste Scheidungsanwältin im Nadelstreifenanzug, die den Kerlen vor Gericht zeigt was 'ne Harke ist. In der Tat hätte mich dieser Beruf gereizt, weil man damit Weichen fürs Leben stellen und Zukunft für enttäuschte Menschen gestalten kann.

Aber ich wäre auch gerne die CEO-Lady von Lufthansa geworden. Oder Menschenrechtlerin bei der UNO. Eigentümerin eines Kosmetikunternehmens wie, sagen wir, Estée Lauder. Diplomatin in unbeliebten Krisengebieten. So diese globale Nummer halt. Und wissen Sie, was das Beste ist: Jede einzelne dieser Rollen hätte man mir abgenommen!

Niemand hätte daran gezweifelt, dass ich die Position, das hohe Amt auch ausfüllen könnte. Im Gegenteil: mich als Päpstin? Man hätte es geliebt. Désirée Nick auf dem Heiligen Stuhl?»Dolle Sache«, wäre man sich einig!

Magazine hätten berichtet, was ich bei den entscheidenden Sitzungen des europäischen Parlamentes für Schuhwerk trage. Cocktailkleider, in denen ich öffentlich Alexander Gauland eine schallende Ohrfeige gebe, wären am nächsten Tag ausverkauft. Handtaschen, mit denen ich nach Alice Weidel schlage, wären der Topseller bei Amazon! Ja, all das hätte sein können. Mit ein bisschen mehr Hochschlafen und weniger Qualitätsbewusstsein hätte es vielleicht auch geklappt. Aber ich bin eben im entscheidenden Moment doch immer von der Muse geküsst und liebe die Lachsalven meines Publikums zu sehr, sodass die Bühne und das Theater mir zur Heimat wurden.

Und da bleibst Du eben auf ewig in der öffentlichen Wahrnehmung die arme Gauklerin! Und das verwirrt dann halt auch das Fußvolk. Dass man am Ende halt doch *mehr* ist, als einfach nur eine vulgäre Dreckschleuder. Oder die Halbschwester von irgendeiner Trash-Knalltüte, die sagt:»Ich bin die Dschenny, und das ist alles, was ich bin!«

Oooh, wie gerne wäre ich nach Macht und Einfluss gierend weltweit unterwegs, angefixt vom globalen Kapitalismus und seinen Auswüchsen. Die Steuergelder verschleudernd, die Firmenpleiten abschreibend. Immer neue Inseln erwerbend. Die Schiffe versenkend! Den Konzern für die Zukunft fit machend. Im letzten Moment meinen Privatflieger erheischend. Meine Partner in Panama bezirzend. Auf dem Rückweg noch schnell ein Date in Monaco einschiebend. Wenn nicht mehr. Und alles immer im richtigen Outfit! Es wäre die beste Show *ever, ever!*

Doch stattdessen bin ich ausgestattet mit dem Label, dass man bei meiner umfassenden Art der Unterhaltungskunst das Denken eben nicht gänzlich einstellen kann. Was manche schade finden mögen ... Es ist ja auch so bequem! Aber für muckelige Hausschuhe und ausgebeulte Jogginganzüge, für Plunder, der beim Homeshopping an die gutgläubige Bevölkerung verschachert wird, stehe ich ja auch nicht unbedingt. Auch dazu gibt es von mir ein klares NEIN! All das bin ich nicht. Die Harald-Glööckler-Nummer, der als Faktotum des schlechten Geschmacks Kasse macht, funktioniert bei mir eher nicht. Kann ja auch nicht, bei einer alten Ballerina!

Ich stelle fest: All das, was ich auch hätte sein können, ist Teil meiner Persönlichkeit und verschafft sich sein Ventil woanders. Und das, was wir in uns tragen, muss entfaltet werden, um die beste Version unserer selbst zu werden. Man nennt es auch Entwicklung, Profil oder Charakter. Niemand ist eindimensional, unter der Oberfläche mag ganz etwas Anderes schlummern als das, was die Kostümierung vermuten lässt.

Letztlich werden wir alle nackt geboren: Der Rest ist immer Travestie.

Mit diesem Bewusstsein habe ich 35 Jahre Showbiz überlebt. Und wurde dabei weder magersüchtig, drogensüchtig, pleite, insolvent und schon gar nicht sexuell belästigt. Das passt ja auch nicht zur Erfinderin des Damenwitzes – was ich amtlich bin. Das leibhaftige Superweib, eben nicht als ausgedachte Fantasiefigur der Literatur, nein, ganz real in Brandenburg, mit den hohen Hacken durch den Schotter gurkend. Das Altglas selbst zum Container schleppend. Den Trampelpfad verzweifelt gegen die Macht des herbstlichen Laubes harkend. Denn dort wo ich lebe, gibt es knapp 30 Jahre nach der Wende noch nicht mal Bürgersteige! Wie habe ich das alles nur überleben können, so ganz ohne Schulden, Alkohol und chirurgische Eingriffe? Mit dieser medial so völlig ungeeigneten Nase? Nun, sehr einfach: Ich habe nicht zu allem JA gesagt! Ich fand frühzeitig den Mut zum NEIN! Und dieses bescheidene NEE kann zur Zauberformel werden, denn es ist das Ruder, mit dem wir das Schiff unseres Lebens steuern.

Ich glaube, in euch allen steckt ein viel besserer Navigator, als ihr glaubt! Wichtig ist dabei nur, dass man unablässig den Weg zum JA aus Überzeugung sucht. Wer neue Horizonte erreichen will, muss die Segel auch bei Sturm zu setzen wissen. Wenn's ernst wird, wird das Leben erst so richtig interessant. Alles andere ist doch Pille-Palle!

3
NEIN zu Insta-Bitches und Reality-Dirnen oder Selbst ist die Frau!

Wenn die gesamten Selbsthilfebücher etwas bezweckt hätten, dann würden wir im Paradies leben und wären längst die beste Version unserer selbst. Hätte positives Denken seine Macht inzwischen entfaltet, wäre die Welt, in der wir uns befinden, wahrlich eine bessere. Aber – soviel kann man wohl sagen – dieses Konzept ist definitiv gescheitert.

Die Selbsthilfebücher aus Zeiten *vor* dem unbegrenzten Austausch an Informationen können allesamt in den Schredder. Denn in der hochvernetzten digitalen Welt werden Meinungen als Fakten verkauft, und niemand kann echte Nachrichten von FB-Posts bekloppter Idioten unterscheiden. Jeder Knallkopp kriegt sein Forum. Leute, die früher eingesperrt worden wären, erhalten eine Plattform, auf der sie unter zehn Fake-Profilen ihr Unwesen treiben und die Welt vergiften dürfen.

Fake News sind ein extrem lukratives und schlaues Geschäft geworden. Sieht man ja an den Ergebnissen demokratischer Wahlen, und welches Schlamassel dabei jedes Mal herauskommt. Das Hirn der Masse ist inzwischen so weichgekocht, dass die Demokratie in Gefahr gerät:

Wenn 80 % Vollidioten für das Falsche stimmen, werden die 20 %, die Klüger sind, eben von 80 % Arschlöchern gelenkt. Ergebnis: Was gestern galt, hat heute keine Bedeutung mehr, »Werte« sind zum Fremdwort geworden, jeder boxt nur für sich, es wird gelogen, dass es kracht, und die Marschroute wird von den schwächsten Gliedern der Gesellschaft bestimmt. Und wir alle drohen unter der Last uneffektiver, alter Selbsthilfebücher von vor der Jahrtausendwende von unserem Billyregal erschlagen zu werden. Darum sage ich: Schmeißt diese John-Gray-Schwarten weg! Schönere Partnerschaft, mehr Liebe, besserer Sex ... der ganze Mist implodiert angesichts von Partnerbörsen, Online-Fremdgehportalen, Friendscout, eDarling, ElitePartner, Parship, Lovoo, Tinder, Grindr, PlanetRomeo und, ach scheiß drauf ... es sind halt weltweite Fickbörsen, denen wir uns anschließen sollen. Da dürfen wir endlich beim Durchwischen NEIN sagen und selektieren. Toll!

Ich will mich leider nicht als Teil dieses Ganzen sehen, weil ich die ja alle gar nicht kenne, diese fremden Menschen, die einen geblasen bekommen wollen und online ihre Geschlechtsteile in meine Inboxen posten. Ich habe derzeit 5.000 unbeantwortete Freundschaftsanfragen! Aber 1.000 Freunde habe ich ja schon, wie soll ich denn jedes Jahr 6.000 Leuten zum Geburtstag gratulieren? Da muss ich ja jeden Tag 17 Blumensträuße verschicken! Nein, also das kann ich nicht.

Und wenn die mich alle einladen, zu Geburtstagen, Events und Hochzeiten, zu Grillfesten und spontanen Insta-Bitch-Partys ... da müsste ich mich ja mehr als vierteilen.

Zu jeder Anfrage sollen wir alle immer JA sagen, damit es gefälligst schnell geht und man bitteschön den zeitlichen

Fluss nicht stört. Wer das Rad aufhält, fällt als unliebsamer Störenfried ins Auge – angepasst und *easy going* zu sein wird als oberste Tugend vermittelt. Ein Algorithmus kennt eben keine Moral.

Kein Selbsthilfebuch hat uns darauf vorbereitet, dass unsere Kinder die besten Jahre ihres Lebens Chips futternd mit Rundrücken vor einem Laptop verbringen würden und ihre Textmessages, Snapchat, Tumblr, FacePlace, Slackchannels, Youporn, YouTube und Instagram für echte Arbeit halten. Für einen Beruf! Für das wahre Leben! Auch viele Prostituierte und Prominente, deren Namen keiner kennt, verstecken sich gerne hinter dem Beruf »Influencer«. Die Unterwelt mit ihrem Lifestyle, Kriminelle mit Sixpack, arbeitslose Realitydirnen, Möchtegern-R&B-Schlampen, DSDS-Nutten – alles Zeitfresser, die Instabitches mit ihren Posts dazu veranlassen, am Tage 68 Mal »awww, wie süß, danke dir« zu tippen, das Ganze mit Herzchen-Emojis zu versehen und sich selbst das Gefühl zu geben, der Welt nahe und *on top* ihrer E-Mail-Inbox zu sein. Erfolgserlebnisse in einer virtuellen und nichtexistenten Welt.

Eine Liste von 5.000 Freunden durchzuackern und all ihre Poserfotos zu liken, führt auch zu zwei Stunden Müßiggang täglich vorm Laptop, ohne dass dabei unser Körper stromlinienförmiger wird. Den ganzen Tag aufs iPhone starren? Dafür wurde der menschliche Halswirbel nie konzipiert!

Man könnte in der Zeit auch ein Instrument spielen oder eine Sprache lernen. Handarbeiten macht ja auch keiner mehr, weil dabei kann man ja nicht texten. Schade! Meine selbstgestrickten Hüte, Schals und Socken aus den 80ern hatten ein unglaubliches Flair: Sie umhüllten mich mit Nestwärme. Und das, so lautet mein Wehklagen, finde ich leider nicht im Netz! Diesen Teestuben-Appeal, dieses kuschelige Geborgensein in altvertrauten Gewohnheiten, dieses Aufgehobensein in den eigenen Pickeln, dem Spliss in den Haarspitzen, den schlechten Fingernägeln und Kreuzworträtseln. Dieses Wollewickeln und Briefeschreiben mit auslaufenden Tintenpatronen, diese grässlichen Tuschkästen, dieses blaue Durchschlagpapier einer elektrischen Schreibmaschine, dieses Gekleckse mit eingetrocknetem Tipp-Ex bei Schreibfehlern, dieses Glücksgefühl, plötzlich eine Korrekturtaste zu haben, dieser fettige Kekskuchen »Kalter Hund«, diese Bescheidenheit der Dinge, das Sich Erfreuen an den Kleinigkeiten, die von Herzen kamen! Gemischte Tüte mit Süßigkeiten für eine Mark, Toast Hawaii, Milchtüte im Haltebecher, Magnetseifenhalter, Kaba, Käseigel, Eiskonfekt und Leckmuscheln: Ich vermisse es zutiefst! Kassettenrekorder, Walkman, Shirley Bassey, Liza Minnelli, The Bee Gees, Disco, Kaugummiautomaten, Dederon-Kittelschürzen: alles weg!

Stattdessen? Immer *on top,* immer eine Nasenlänge voraus mit den Postings, dem Duckface und dem verordneten Pensum an Lifestyle und Selfies in hohen Hacken. Seien es wir selbst, seien es andere, ist eh egal, weil nach 20 Filtern sehen ja doch am Ende alle gleich aus. Am Ende ist völlig wurscht, wer wer ist.

Mentaler Müll, der unsere Poren verstopft, weil er quasi außerirdisch bei uns abgeladen wird, bildet eine Bürde, die uns belastet, stresst und blind werden lässt. Üblich geworden ist es inzwischen, sich mit Leuten, die man eigentlich gar nicht leiden kann, beim Feiern zu fotografieren, ebenso wie angebliche Vorlieben zu promoten, um sozial kompatibel zu erscheinen – obwohl der vegane Schokokuchen aus Avocado und Kakaobohnen gar nicht schmeckt.

Auch so eine Sache: Ich soll JA sagen zu Nahrungsmitteln, weil sie angeblich gesund sind, aber eklig schmecken; ich soll grüne Grassäfte trinken, weil ich täglich drei grüne Gurken, drei Handvoll Spinat, drei Sellerieknollen und acht Äpfel verdauen soll? Als wäre ich von Stall und Weide direkt ins Großraumbüro versetzt worden. Auch hier mein klares NEIN! Ich will Hollywoodschaukel, Florida Boy und Dolomiti!

Wie ich dagegenhalte, um nicht von der Flut all der Dinge überrollt zu werden, die ich täglich tun, anklicken, abnicken und gutheißen soll? Ein einfacher Leitsatz hilft weiter: *Was mir nicht guttut, fliegt raus, was mir nützt, kommt rein.*

Sachen, die mich ärgern, müssen abgeschafft werden, um Platz für Dinge zu schaffen, die mir Freude bringen. Das sind zwei Schritte, die aber den meisten Leuten nicht mal bewusst sind. Wenn man 13.000 E-Mails in seiner dämlichen Inbox abzuarbeiten hat, ist man ja auch vom Gefühl dominiert, prinzipiell und andauernd dem eigenen Leben hinterherzuhinken. Die Volkskrankheit ist einfach, dass wir alle viel zu viel Ballast herumschleppen, weil wir uns überall eingeloggt haben, fremdverwaltet werden, meinen, überall mithalten zu müssen.

Egal ob es Nachrichten, Boulevard, Portale, Foren, Werbung oder Magazine sind, immer wird direkt die Botschaft übermittelt: Ihr alle da draußen seid nicht dünn genug, nicht reich genug, nicht schön genug, deshalb nehmt euch ein Beispiel an denen, die Millionen von Likes haben und reich geworden sind, weil sie Extensions, aufgespritzte Lippen, falsche Nägel, falsche Zähne, falsche Brüste, falsche Wimpern haben und 20 Filter sowie die Funktion »Umformen« betätigt haben, um zu suggerieren, dass sie reich, schön und glücklich sind. Wir sollen JA sagen zu den fetten Ärschen der Kardashians, den unbegabten Pausenclowns von DSDS, den stammelnden Entertainern, die der deutschen Sprache nicht mächtig sind, den geschmacklosen Moderatorinnen im greisen Prostituiertenlook, die uns was von der glücklichen Welt der Promis vermitteln wollen. Was oder wer sollen wir heute bitteschön sein, Mr. John Gray? Degenerierte Opfer einer Gesellschaft, die sich bis zur Unkenntlichkeit zu einem Alien haben umoperieren lassen und so viel Menschlichkeit in sich tragen wie ein karger Asteroid, der für wenige Sekunden an der Erde vorbeisaust, um danach irgendwo im All zu verglühen? Wir haben längst verstanden, das auf dem Mars keine Traummänner leben und die Hälfte der Venusbewohnerinnen hochgetunte Transvestiten sind. Es ist alles anders als man uns versprochen hat. Und für das Neue, da braucht man ein Update des Navigationssystems.

Ich habe das alles schon vor zehn Jahren bemerkt und mir völlig neue Orientierungsfunktionen gesucht. Ich ziehe den Stecker und gehe auf den Berg. Ich verdrücke mich nach Norwegen zum Langlauf! Ich packe den Rucksack und gehe in den Wald. Ich mache Sachen, die mir früher sinnlos erschienen wären: Ich miste angeschlagenes Geschirr und schlechte Bücher aus. Ich schreibe Postkarten. Aus der Uckermarck! Damit bekommst Du mehr Aufmerksamkeit als mit neuen Brüsten. Ich baue Lauben um. Lege Küchengärten an. Ich habe einen Steingarten geschaffen. Plus eine Teichanlage mit einem plätschernden Springbrunnen. Das macht viel Arbeit, aber egal. Ich singe Gospel. Ich mache Königsberger Klopse und Birne Helene. Ich lerne Jodeln, trage Dirndl und fahre Kutsche. Ich pflücke Erdbeeren. Ich gehe zum Lachsfischen nach Schottland. Ich schminke mich bei Tag überhaupt nicht mehr. Ich liebe Sauna, Stretching und Kurzhaarfrisuren. Ich singe Operette. Ich nehme Unterricht bei Koloratursopranistinnen. Ich habe im Wohnzimmer eine Kuckucksuhr. Ich gehe in Theaterstücke, die ich scheiße finde, und die schlechte Presse haben, um zu studieren, was man alles falsch machen kann auf der Bühne. Ich notiere mir grobe Fehler der Kollegen. Ich rufe alte Freunde an, die nicht daran denken, sich bei mir zu melden, weil sie mit ihren Karrieren beschäftigt sind und glauben, ich hätte eh keine Zeit. Ich sehe mir mit Vorliebe uralte Talkshows an, um Bilanz zu ziehen, was aus den Menschen geworden ist. Haben sie ihre eigenen Erwartungen erfüllt? Haben sie vollmundig gelogen und geprahlt? War der Auftritt vor Jahrzehnten nichts als Bauerntheater? Ist ihnen das, wofür sie sich selbst gefeiert haben, längst abhandengekommen? Haben sie das Bild von sich selbst aufrechterhalten können? Als was haben sich die Knalltüten am Ende entpuppt?

Wohlweislich gewarnt vor dem Niedergang zahlloser Kollegen, war es stets mein Ziel, eben nicht den Verführungen meiner Branche zu erliegen. So blicke ich doch auf Jahrzehnte einer völlig skandalfreien Karriere zurück: mit Hochschlafen war gar nichts, ganz im Gegenteil! Eher waren meine Beziehungen dermaßen branchenfern, dass sie mir überhaupt nichts genützt haben. Nüchtern betrachtet habe ich mich sogar runtergeschlafen, denn generell bin *ich* es gewesen, die sich – Dank eines ausgeprägten Helfersyndroms –

der verlorenen Seelen respektive unglücklichen Existenzen angenommen hat.

Keine öffentlichen Liebesgeschichten, keine Paarfotos und verkaufte Affären, Trennungen und von der Presse begleitete Versöhnungen. Wenn überhaupt, wurden die niemals von mir, sondern vom Partner eingefädelt. Ich hätte um Alimente und Geburtsurkunde lieber nicht prozessiert. (Eine kurze Anmerkung dazu: Manche Menschen gieren ja danach, persönliche Angelegenheiten per Gerichtsprozess zu verhandeln, wodurch alle unrühmlichen Details öffentlich dargelegt werden. Der Mangel an Kapazitäten, private Dinge angemessen und zivilisiert zu erledigen, hat bei gewissen Dynastien gar Familientradition. Per Verfahren schreibt sich so immerhin die Familienchronik von selbst, denn die Schandtaten sind amtlich besiegelt. Dann weiß die Nachwelt wenigstens gleich Bescheid!)

Doch zurück zu meinen »Defiziten«: Da gibt es keine Steuerschulden, iiih, bewahre! Eher Nachzahlungen in Größenordnungen, die meine Zukunft zu ruinieren drohten. »Arm durch Arbeit« heißt mein Motto. Keine Alkoholbeichten, Drogenprobleme, verpfuschte Schönheits-Ops, Silikon rein, raus und nochmal zurück, Arschfett in die Lippen gespritzt, Implantate verrutscht, vom Partner verprügelt worden, verpasste Showauftritte, schlechte Kritiken, halbleere Säle, angetrunken die Treppe hinabgestürzt, Text vergessen, wechselnde Affären, prominente Liebhaber, abgebrochene Absätze: Mit absolut keinem Skandal kann ich dienen. Ich habe zu Pleiten, Pech und Pannen ganz klar NEIN gesagt. Sogar zum Burnout!

Vor circa 20 Jahren hat es mal kurz bei mir im Ohr Sturm geklingelt – als ich bemerkt habe, dass der Vater meines Kindes mich sitzenlässt. Nennen Sie mich altmodisch, aber ich habe dem Tinnitus so entschieden NEIN gesagt, dass er sich nie wieder zurückgemeldet hat. Inzwischen hat es sich bei mir ausgetindert. Man muss ja nun wirklich nicht jeden Trend mitmachen!

4
NEIN zum virtuellen Gift
oder
Digital Detox macht faltenfrei!

Ich entscheide mich wirklich gerne gegen Dinge: gegen Titten in den Mindestgrößen von Wassermelonen, gegen Lippen so dick wie ein Paar Wiener Würstchen, gegen Permanent-Make-up, das so wirkt, als hätten sich die Betroffenen mit einem Edding nachgeschminkt, gegen eine erstarrte Fratze, gegen fiese verfilzte Extensions, gegen Hyaluron-Fressen, die wirken wie überdimensionale Wasserköpfe, und gegen einen Körper mit entfernten Rippen und aufgeblasenem Arsch, der wie ein groteskes Kunstwerk von Dalí wirken soll. Denn es macht mir Angst. So grausam kann Mutter Natur doch gar nicht sein, dass sie mich in einen Körper gepackt hat, den man zerschreddern und neu zusammenflicken muss. Ich schmeiß mich doch nicht selbst weg. Wenn die Kerle größere Brüste wollen, dann sollen sie sich doch die Hände verkleinern lassen!

Wer zu allem JA sagt, der lügt! Wer mit allen Liebkind ist, hat überhaupt keine Freunde. Wer *Everybody's Darling* ist, hat keinen Charakter! Das hat vielleicht früher mal am Dorfanger oder auf dem Schützenfest funktioniert, aber in einer globalisierten Welt sind solche Beliebigkeitsmerkmale untragbar geworden. Wer sich ein Fünkchen Charakter bewahren will, der muss sich konkret positionieren. Muss für etwas einstehen und Farbe bekennen.

Nur mit dem eigenem NEIN als deutliche Abgrenzung zur Beliebigkeit der Angebote kann man sich selbst treu bleiben. Eigene Grenzen aufzeigen, Verführungen widerstehen, die Kontrolle über sein Leben behalten und den Stürmen des Lebens trotzen. Denn nie war die Informationsflut, die Anzahl der Angebote, die Vielfalt an Möglichkeiten größer als heute. Wer sich da nicht abzugrenzen weiß, seine eigene klare Linie beibehält und lernt, NEIN zu sagen, der wird untergehen.

Denn NEIN ist das neue JA. So wie Orange das neue Schwarz ist, Sechzig das neue Vierzig und Fünfzig definitiv das neue Dreißig.

NEIN ist der Schlüssel zu einem Leben, das Sie sich verdient haben. Sie haben das Recht auf ein NEIN, mit dem Sie die Weichen Ihres Lebens stellen. Also machen Sie davon Gebrauch! *Verlernen* Sie um Himmelswillen, immer JA zu sagen. Ja, es kommt einem vielleicht komisch vor, aber Dinge zu verlernen ist ebenso wichtig, wie sich Neues anzueignen.

Schon vor Jahrzehnten habe ich es verlernt, nachts den Kühlschrank leerzufressen oder mir einen selbstgebackenen Kuchen noch heiß in den Mund zu stopfen, sodass ich am nächsten Tag Brandblasen am Gaumen habe. Ebenso habe ich mir abtrainiert, dem Jugendwahn hinterherzulaufen. Natürlich experimentierte ich zu Beginn des letzten Jahrzehnts eifrig mit Botox. Aber ich lasse mir nicht alle drei Monate für 500 Euro die Fresse glattspritzen, bis ich am Ende meinen Mund nicht mehr unter Kontrolle habe und mir der Rotwein aus den Lefzen läuft, weil mir der

Kauapparat entgleist. Egal, ob sie lachen oder weinen, man schaut bei zahlreichen Film- und TV-Schauspielerinnen ja immerzu in dasselbe unbewegliche, emotionslose Gesicht. Nicht mehr fähig, die Stirn zu runzeln oder die Augenbrauen und die Mundwinkel anzuheben. Faltenfrei, aber trotzdem alt. Zu diesen Verführungen sage ich entschieden NEIN. Genauso wie zu Sektenzugehörigkeiten, Shitstorms, überflüssigem Smalltalk, Billig-Make-up, Übergewicht, öden Partyevents, Kunstpelz und schlechtem Sex. Auch wenn die ganze Welt anders denkt, dann bin ich eben David gegen Goliath, aber ich vertrete eine eigene Meinung!

Mit dem Internet ist in der digitalisierten Welt eine gigantische Plattform entstanden, auf der sich jeder austoben darf. Man könnte sich dort durchaus gegenseitig unterstützen und würdigen, schließlich sind so ziemlich alle Menschen der Welt auf einmal nur noch einen Mausklick entfernt. Wenn das nicht zusammenschweißt! Aber was macht die Menschheit draus? Sie packt all ihren Hass und ihre dunklen Seiten aus. Das Internet ist ein Abenteuerspielplatz für das Böse in der Welt geworden. Und Kriminalität wird dort noch zum Lifestyle erhoben – und damit meine ich nicht dieses mysteriöse Darknet, von dem alle seit Kurzem mit vielsagend hochgezogener Augenbraue flüstern, obwohl niemand eine Ahnung hat, wo diese Achse des Bösen eigentlich anfängt.

Egal welchen Post man absetzt oder welches Foto man in der Öffentlichkeit präsentiert, man wird von allen Seiten negativ zugeschissen. Jeder Honk glaubt plötzlich, seinen giftigen Seelenmüll über einem auskippen zu müssen, und hat offensichtlich nur auf den Startschuss gewartet, um andere beleidigen zu können.

Neulich habe ich ein Foto von mir gepostet, braungebrannt im Pool. Aufgenommen während meiner Kreuzfahrt auf der *Mein Schiff 6*. Schon ging es los:

»Auch Du wirst eines Tages alt und runzelig sein. Niemand hat die ewige Jugend gepachtet.«

»Die alte Trockenpflaume hat drei Filter drübergelegt. Habe sie am Frühstücksbüffet gesehen. Da kann sie sich zum Dörrobst legen.«

»Die Fresse will ich mal abgeschminkt sehen. Durch die Löcher von der Alten ist schon lange keiner mehr durchmarschiert.«

Ich habe gegen eine sehr hässliche Haterin, die zwei Wochen lang ihren gesamten Lebensfrust an mir ausgetobt hat und nichts Besseres zu tun hatte, als gegen mich auf einem Schiff mit 5.000 Menschen Stimmung zu machen, Strafanzeige erstattet. Nur so. Um von meiner Möglichkeit, mich dessen zu erwehren, Gebrauch zu machen.

Mir gefällt der allgemeine Umgangston im Internet nicht. Regt man sich darüber auf, kämpft man gegen Windmühlen, denn längst schon haben es (Achtung, Neudeutsch!) Scheiß-Stürme und Hasstiraden ins reale Leben geschafft. Der Übergang ist fließend, die Grenzen zwischen virtueller Sphäre und Realität verwässern.

Die meisten Menschen wissen schon lange nicht mehr, was sich im allgemeinen Sozialverhalten gehört, und wie man im tagtäglichen Leben taktvoll miteinander umgeht. Und weil man beim Gaming im Internet einfach alle umbringt, die einem im Weg sind, sticht man neuerdings auch im echten Leben alte Omas ab, die sich bei Rewe an der Kasse nach vorne gedrängelt haben.

Da alle an menschenunwürdige Postings, ekelerregende Kommentare und abstruse Profilbeschreibungen gewöhnt sind, die Tag für Tag die Bildschirme dominieren, setzt nun eine allgemeine Desensibilisierung ein.

Ja, was soll man machen? Jeder primitive Trottel darf sich jetzt offenbar einmischen, tut genau das in seinem Übermaß an Freizeit, und die Treibjagd auf einzelne Opfer kann beginnen. Streit, Wut und Hass unter den Menschen werden befeuert. Stundenlang gehen herabwürdigende Chats hin und her, und jeder Arsch hat das Gefühl, sich einmischen zu müssen, oder wenigstens das Bedürfnis, ein wütendes Emoji zu hinterlassen.

Und so kommt es, dass man unter einem harmlosen, sonnigen Post mit Kaffeetasse im Garten und einem »Ich wünsche Euch einen wundervollen Tag!«, plötzlich 829 Hasskommentare stehen hat.

»Du hast doch keine Ahnung Alte, liegst faul im Garten und wir malochen seit früh um drei!« – »Beim Anblick von der Spinatwachtel kann das nur ein beschissener Tag werden!« Fotos von fiesen Riesenschwänzen kommen als Reaktion auf ein freundliches »Guten Morgen« zurück.

Und *wehe!* man erdreistet sich, etwas zu löschen oder Personen zu blockieren. Dann wird erst richtig Stimmung gegen einen gemacht. Als müsste man sich unbekannte, fremde Menschen zu sich ins Wohnzimmer auf die Couch einladen. Sorry, Kinder, aber wen ich nicht mag, der fliegt raus. So einfach ist das.

Warum soll ich mich von verbitterten Knalltüten beschimpfen lassen? Und habe ich, haben wir es wirklich nötig, wie auf dem Viehmarkt aufgrund eines Bildes unseren Wert per Likes festlegen zu lassen?

Die meisten Likes bekommt man heutzutage wohl, wenn man sich das Gehirn entfernen lässt und die starre Hyaluron-Fresse in die Kamera hält. Dafür interessieren sich doch alle, und jeder will am Grauen teilhaben. Mit drei anmontierten Mördertitten und hohler Birne kriegst du garantiert die meisten Aufrufe und wirst zum Star.

Und dabei spreche ich noch nicht mal von Dating-Plattformen. Hätte ich bei meiner Hitliste der Matching-Points auf Partnerbörsen nicht frühzeitig den Stecker gezogen, dann stünde mein G-Punkt jetzt in jedem Berliner Reiseführer unter »Places to Go«!

Dating-Apps sind eine wunderbare Trainingsplattform, um im Sekundentakt das eigene standhafte NEIN zu üben. Man muss schon ordentlich einen an der Glocke haben, um sich geradewegs so, als würde man zum Yoga oder Pilates gehen, dort zu bewerben. Und wofür? Um die geile Uschi zu machen – und sich hinterher von einem Algorithmus mit vorgefertigter Meinung nach dem Punktesystem eines Computers verwalten zu lassen. NEIN, danke! Vielleicht werde ich am Ende in einem Billighotel vergewaltigt, betäubt oder ausgeraubt. Oder ich stecke mich mit Chlamydien oder Schlimmerem an.

Ach Mensch! Ich habe vor Herzensangelegenheiten viel zu viel Respekt, um da mitzumachen.

Leute, ich will mich nicht bei Grindr und Tinder anmelden, um herauszufinden, wer in meiner Nähe ficken will. Ich hebe doch nicht den Reifrock und stelle meine Waschküche fremden Menschen zur Verfügung.

Man muss natürlich gelernt haben, eindeutig NEIN zu sagen. Sonst steht man heutzutage sehr schnell als unterbezahlte Kokotte da.

Das NEIN ist in der schönen, neuen Welt die wichtigste Vokabel, um nicht in der namenlosen Fleischmasse der Menschheit unterzugehen. Man erspart uns ja sogar das NEIN-Sagen durch Wegwischen. Früher hat man Menschen »geschnitten«. Heute guilliotiniert man mit dem Mittelfinger.

Ich glaube an Ausstrahlung und Aura. Dazu sage ich aus vollem Herzen JA. Es ist mein Geheimnis zum Erhalt meiner ewigen Jugend! Ich war, bin und bleibe eine zarte Edelzicke. Eine Cashmereziege. Ich grase nicht in enttäuschten, frustrierten und verbitterten Gefilden. Die habe ich nur benutzt, um mich ans NEIN-Sagen zu gewöhnen.

Mein Jungbrunnen heißt: permanenter *Digital Detox*. Mentale Entschlackung und virtuelle Entgiftung.

Ab 18 Uhr empfehle ich absolute Online-Abstinenz. Viele Leute haben bereits vergessen, was man abends alles so unternehmen kann. Vor allem, wenn man diese Zeiten unter echten, lebenden Menschen verbringt.

Wenn an die Stelle dessen, was einem früher das Leben schöner machte und auch Rückhalt im Leben gab, nur noch Social Networking, Grindr, Silikonärsche, Sushi, Emojis, aufgespritze Fressen, Lieferservice und Laminat getreten ist, dann ist die digitale Welt eine erschreckend kalte. Und dazu sage ich NEIN.

Wenn von den 100.000 Pics wenigstens ein Fotobuch übrigbleibt, dann finde ich das meeega! Aber da hat sich ja auch wieder einer hingesetzt und gebastelt, sich Zeit genommen und aus den Erinnerungen und Empfindungen etwas Neues modelliert.

Toll, dass man diesen Kasten aufklappen kann und Flüge buchen, Klamotten einkaufen, den Nachbarn googeln, Lebensmittel liefern, Partner bestellen, Medikamente ordern, Nachrichten lesen, Möbel-Bausätze und XXL-Swimmingpools, Haustiere, Parfüm, Theaterkarten und Perücken, Obstbäume, Personal, Sportsocken, Stricher, Dildos, Schusswaffen und Leihmütter bestellen kann. Alles anonym. Vom Bett aus. Leider fehlt dem Notebook bis heute der Beipackzettel mit den Nebenwirkungen: Kopfweh, Schulterverspannungen, Magenprobleme, Halswirbelverdrehung, Schlaflosigkeit, Nacken- und Kreuzschmerzen, Sprachlosigkeit, Burnout.

All dem gilt mein NEIN.

Mir ist das heute irgendwie alles nicht muckelig genug. Okay, ich hab die Message verstanden: »Fuck Gemütlichkeit!« So sehen die anonymen Designerhotels ja auch aus: meeega cool, aber leider eben total ungemütlich und weltweit überall gleich. Da weißt du nicht, ob du in Ägypten oder in San Diego eingebucht bist.

Unter Gemütlichkeit versteht ja jeder was anderes. »What the fuck is Heimat?«

Ich kann Ihnen versichern, für mich ist Gemütlichkeit wichtig. Dort komme ich her und dahin kehre ich zurück.

Meine muckelige Heimat gebe ich nicht mehr auf: Denn abgesehen von den üblichen Enttäuschungen, Erniedrigungen, Demütigungen, Verleumdungen, Intrigen und Prozessen, habe ich in den ersten 60 Jahren meines Lebens verdammt viel Spaß gehabt!

5
NEIN zu halbherzigen Verpflichtungen
oder
Die Kunst des negativen Denkens

Im Gegensatz zu einer Computerfestplatte, die irgendwann ihr maximales Volumen erreicht hat, stürzt unser Hirn nie ab. Doch was auf den ersten Blick ganz gut klingt, zeigt schnell seine Schattenseite: Der Überschuss an unnützen Informationen vergiftet stattdessen nämlich Geist und Seele. Zum täglichen Ballast gehören Starbucks-Gutscheine ebenso wie Zalando-Schlussverkäufe, Amazon-Lotterien und Online-Promotionen, die uns mit billigen Handtaschen, Schuhen, in denen keiner laufen kann, und Nuttenfummeln aus China zumüllen – und dabei immer das drängende Gefühl vermitteln, die Chance des Lebens auf ein besseres Dasein wäre zum Greifen nah. Wer heute nicht NEIN sagen kann, wird vom System und von dem ganzen Polyester verschluckt. Völlig neue Organisationssysteme sind nötig, um einerseits effizient die Werkzeuge, die uns angeboten werden, zu nutzen, andererseits zu selektieren, wie wir Zeit, Energie und Geld darauf verwenden, überhaupt noch ein selbstbestimmtes Leben zu führen.

Das, was uns wirklich Freude bereitet, was wir wirklich dem Leben abgewinnen wollen, findet gar nicht mehr statt, weil die Verpflichtungen, die mit Portalen, der Pflege von Foren und Auftritten in der Cyberwelt einhergehen, beste Ablenkung verschaffen. Und am Ende ist das alles doch nur eines: Ablenkung von uns selbst. Und das Individuum bleibt auf der Strecke! Und dann sollen wir gefälligst noch positiv denken? *Forget it!* Ich für meinen Teil habe das negative Denken für mich entdeckt. Und damit meine ich hier konkret: Erstmal skeptisch selektieren und diese neue Welt beschnuppern, um nicht von den medialen Monstern, die da draußen lauern, verschlungen zu werden.

Hier dienen wir der Marktforschung, dort dem Wettbewerb, da dem Bonusprogramm, und das alles nur, weil wir irgendwann mal irgendwo eine »Einverstanden«-Box angetickt haben. Oder online bezahlt haben. Wir dienen immer den anderen. Gehetzt, verheizt und verwaltet von Platinstatus und Membershipanforderungen, denen wir uns gefälligst zu unterwerfen haben. Deren Anbetung wurde uns so sehr eingeprügelt, dass der Manager am Wochenende bereitwillig mal eben um den Erdball fliegt, nur um seine Platin-Membershipcard der Lufthansa nicht zu verlieren und sinnloserweise nochmal schnell nach Neuseeland düst, obwohl es dort gar nichts zu erledigen gibt. Aber Hauptsache, ich bleibe die Nummer Eins in meinem Vielfliegerprogramm!

Hier hilft nur ein eindeutiges NEIN! All diese unsäglichen Dinge existieren ja nur, weil wir JA-Sager sind! In der digitalen Welt brauchen wir neue Strategien, um uns zu schützen. Und ich denke negativ!

Ich frage mich, ob ich nicht besser NEIN zu Dingen sagen sollte, die nicht zu meinen Werten passen, mir keine Freude bringen, anderen nichts nützen und in keinem guten Verhältnis zueinander stehen. Muss ich als Schulbrot für die Kinder Tomatenrosen schnitzen und aus dem Toastbrot ein Hasengesicht mit Eier-Augen, einem Schnurrbart aus Dill und einem Mund aus Karottenstreifen basteln? NEIN! Muss ich in der Laubenkolonie auch noch den Kassenwart machen? Ist das nicht eine schöne Tätigkeit für einen pensionierten Finanzbeamten? Muss ich aufgrund des Vorhandenseins von Holunderbüschen eine Sektkellerei betreiben? Muss ich meine Rehkeule an Weihnachten selbst schießen? Schön, wenn die Gelegenheit sich bietet, aber ich sortiere es vorerst als Zeitfresser aus. Auch eine Schürze oder ein Dirndl nähe ich mir nicht mehr selbst. Es gibt diese Dinge in Fülle zu kaufen. Ich stricke Socken aus Spaß an der Freud, aber ich häkele keinen Poncho für meinen Sohn.

Wenn man NEIN sagt, ist es wichtig, sich nicht zu entschuldigen. Es ist nicht unhöflich, wenn man Pläne ablehnt, und nur wegen eines NEINs gilt auch niemand als arrogant. Bevor man JA zu anderen sagt, muss man überprüfen, ob man damit nicht NEIN zu sich selbst sagt.

Wenn man erstmal rausgefunden hat was man _nicht_ will oder braucht, ist man schon auf dem halben Wege zum JA zu den richtigen Dingen.

Das schöne Wort »Zielsetzung« bedeutet nämlich, dass man sich darüber klar geworden ist, _worauf man getrost verzichten kann._

Ja, genau. Lesen Sie noch mal ganz langsam nach. Zur Not laut! Am besten, Sie legen sich einen kleinen Zettel mit genau diesen Zeilen in Ihr Portemonnaie.

Und wenn Sie die Antwort darauf, worauf Sie verzichten können, gefunden haben, dann ist der Moment gekommen, in dem das Instrument Ihres Sprechapparates laut und deutlich formuliert:»Ich erhebe meine Stimme zu einem entschiedenen NEIN! Ich widerspreche!« Das ist Ihr erster Schritt zu einem selbstbestimmten Leben.

Ob Sie nun also darüber unglücklich sind, dass Sie Schulden angehäuft oder 20 Kilo Übergewicht zugelegt haben, die Rückbank Ihres Autos im Laufe der Jahre zur mobilen Launderette geworden ist, Sie hauptberuflich zum Fuhrunternehmen Ihrer Kinderschar geworden sind, ob Sie jeden Morgen neben dem falschen Partner aufwachen, neben dem Job und Stress am Arbeitsplatz auch noch Yoga, Kochkurs, Fitnesstraining, Bastelarbeiten, Buchclub, Finanzen, Autowartung, Hundesitting und Ehrenämter stemmen sollen … egal was auch immer Sie traurig, ausgelaugt oder frustriert sein lässt: Umarmen Sie die Macht negativen Denkens und verwandeln Sie Ihre Gefühle in Aktionen.

All der aufgestaute Frust produziert so viel Energie, dass daraus unweigerlich etwas erwachsen muss. Bei manchen ist es schlechte Laune, bei anderen eine umfassende Depression. Ein Nierenleiden. Eine psychosomatische Krankheit, die Ihnen obendrein noch jede Menge Therapien und Sitzungen bei Ärzten beschert. Ein saurer Magen. Ein dicker Hals. Eine Laus auf der Leber. Oder es verschlägt Ihnen die Stimme. Woher kommen denn all die Zipperlein und Gebrechen mit den schleichenden Schmerzen, an die wir uns still und heimlich schon gewöhnt haben? Bevor nicht der Komplettausfall droht, werden die alltäglichen Beschwerden doch gar nicht hinterfragt.

Schalten Sie doch einfach mal auf Sparmodus, nehmen Sie sich eine Auszeit, besorgen Sie sich ein hübsches rosa Heftchen mit Einhörnern drauf und notieren Sie bei einer schönen Tasse Tequila – oder einem Martini – Folgendes:

»Könnte es sein, dass mein größtes Hindernis darin besteht, das ich Angst habe, was andere über mich denken?« Und fragen Sie gleich weiter: »Was gehört in meinem Dasein auf die Mülldeponie? Wer nervt? Wer ist der Klotz am Bein?« Sind es die ausgeleierten alten Jogginganzüge, die von Wollmäusen absorbierten Pullunder mit den lila Rauten oder nervige Nachbarn, High-Maintenance-Freundschaften, Hypochonder im Umfeld, Egomanen in der Familie und Einladungen zu Events aus der Abteilung »Promis, deren Namen keiner kennt«? Kurz: Wer sind die Knalltüten, die Ihnen den letzten Nerv rauben?

Und wenn Sie über all diese Fragen einmal gründlich nachgedacht haben – ruhig noch mal den Tequila nachschenken – dann bleibt nur noch eine: Wann fangen Sie konkret an, NEIN zu sagen, ohne Schuldgefühle dabei zu haben?

Mit dem Reflex, zu allem »JA« und »Amen« zu sagen, wollen wir Konflikte vermeiden. Denn man hat uns antrainiert, immer hübsch gefällig zu sein. Okay, wir mögen mit unserem unterwürfigen JA Konflikte vermeiden, aber wir werden sie auf diese Weise nie lösen! Wir kehren sie nur unter den Teppich!

Wir tauschen mit dem halbherzigen JA nur ein Problem gegen das andere aus. Wie auf einem Basar. Und die Folgen sind, dass wir immer erneut gezwungen werden nachzugeben, endlose Kompromisse einzugehen, mit denen wir am Ende mehr Probleme und Ärger haben, als wir mit einem charmanten, aber bestimmten NEIN je gehabt hätten.

Sagen wir, Ihre Schwester fragt Sie, ob Sie am Wochenende nicht deren Wohnung neu streichen könnten. Und nebenbei für die Zeit des Umzuges vom Schwesterherz vielleicht auch deren Katzen beherbergen? Wenn Sie keine privaten Pläne gemacht haben, die gemeinsame Zeit mit Ihrer Schwester genießen und gerne an heißen Wochenenden in geschlossenen Räumen körperlich hart arbeiten: toll! Wenn Sie aber bereits zum Fliegenfischen verabredet sind, Ihnen der Gestank von Malerfarbe Kopfweh bereitet und Ihnen Ihre Schwester sowieso seit langem auf die Nerven geht, sieht die Sache anders aus. Ihre Schwester wird Ihnen das Wochenende ruinieren, die Katzen drehen durch, weil sie desorientiert sind, und Sie können wieder nicht die eigene Bügelwäsche abarbeiten und endlich die Beine, die Bikinizone und den Damenbart enthaaren.

Eine sehr große Verführung besteht darin, aus Gefälligkeit heraus zuzustimmen, obwohl es bedeutet, dass man die eigenen Bedürfnisse hintanstellen muss. Entweder schuldet man noch einen Gefallen, fürchtet verzickte Reaktionen, fühlt sich machtlos oder lässt standardmäßig andere Menschen Vorteile aus der eigenen, nachgiebigen Natur herausschlagen, was man auch als Ausbeutung bezeichnen könnte.

Wenn Sie jetzt Ihre Energie investieren, indem Sie halbherzig »Okay« sagen, nur weil Sie nett sein wollen, dann werden Sie eine Unterstützung und Hilfe sein, die halbherzig daherkommt, schlechte Resultate liefert, nervöse Katzen abliefert, schlampige Arbeit hinterlässt und am Ende frühzeitig davondüst, weil Ihnen die ganze Sache auf die Nerven geht. Was bleibt ist Enttäuschung, wenn nicht gar Zank. Denn man notiere: Wenn Sie etwas versprechen, was Sie im

Grunde nicht liefern wollen, stellen Sie sich selbst eine Falle, in die Sie früher oder später hineinstolpern.

Die Ironie an der Sache ist, dass Sie am Ende das Gegenteil produzieren: Ihr Einsatz für ein Projekt ohne Elan, Sachkenntnis und Überzeugung wird halbherzig, verantwortungslos und hinderlich erscheinen. Es bleiben zwei ruinierte Wochenenden, neue Debatten und ein übler Nachgeschmack.

Und das Schlimmste daran: Wenn Sie unwillkommene Einladungen oder Angebote akzeptieren, rauben diese Ihnen Zeit für die Menschen und Projekte, die Ihnen wirklich am Herzen liegen.

Die andere Seite dieser Münze mit zwei Seiten – nämlich JA und NEIN – ist die Energiequelle für das, was Ihnen wertvoll ist: Zeit für Ihre Kinder, Zeit zum Kuchenbacken, Zeit für die Fahrradtour durch die USA als Single, Gesangsstunden, Theaterabende, Zeit für ein romantisches Date mit einem neuen Kollegen oder Ihr Nachmittag bei der ehrenamtlichen Hotline für junge, attraktive Asylanten, die Ihre Amtsunterlagen nicht alleine ausfüllen können. Als Gegenpol zu der ganzen JA-Sagerei, die nur den Absichten Anderer dient, brauchen Sie klare Ziele und Dinge, zu denen Sie im eigenen Interesse beherzt JA sagen! Und umso klarer und präziser Ihre Vorstellungen von dem, wonach Sie wirklich streben, sind, desto leichter wird es Ihnen fallen, zu all den Dingen NEIN zu sagen, die Sie von Ihrem Weg abbringen.

Ihr Leben ist zu kurz, um Angelegenheiten zu unterstützen, für die Sie nicht wirklich brennen! All die Energie brauchen Sie, um Ihre persönlichen Herzensangelegenheiten, Überzeugungen und Ziele zu verwirklichen.

Anstatt vergeblich mit einem löchrigen Schmetterlings-netz den bunten, wilden Traumfaltern hinterherzuhecheln, die in unseren Köpfen umherflattern, sollten wir die Kaker-laken, von denen wir umgeben sind, zertrampeln. So eine Aktion an der richtigen Stelle bringt nicht nur den Kreislauf ordentlich in Schwung, sondern sie verleiht uns tatsächlich Flügel!

6
NEIN zu Peanutbutter-Partys
oder
Warum wir nicht jedem
gefallen müssen

Warum legen wir eigentlich so großen Wert darauf, was andere über uns denken? Das habe ich seit 1933 genau analysiert und unter Einsatz größter körperlicher und psychischer Risiken im Eigenexperiment erforscht. Nach gründlicher Recherche liefere ich die relativ schlichte Antwort:

Erstens wollen wir nicht als mieses Arschloch rüberkommen, und zweitens wollen wir nicht mit dem Ruf leben, wirklich ein solches zu sein!

Selbst die größten, allgemein bekannten Arschlöcher halten sich selbst nie für ein solches. Arschlöcher sind ja immer nur die Anderen.

Jetzt geht es mir aber nicht darum, Sie dazu zu animieren, ein Arschloch zu werden, iiihhh, bewahre! Ich will Sie vielmehr davon überzeugen, im Zuge Ihrer persönlichen Entfaltung hübsch zu ignorieren, was andere über uns als Person denken.

Dem gerecht zu werden, ist nämlich ohne Wenn und Aber ein aussichtsloses Unterfangen. Es raubt Zeit, Energie und Nerven. Und vor allem ist es nicht kontrollierbar!

Dass Menschen grundsätzlich die falschen Entscheidungen treffen, erkennt man ja schon daran, was meine Augen ertragen müssen, wenn ich mich durch eine bundesdeutsche Fußgängerzone schiebe: Dicke Ärsche in knappen Hotpants, krumme Beine auf Billigstiletto-Highheels zu kurzen Röcken an Cellulitisoberschenkeln, BH-Träger, die unter dem Muskelshirt hervorschauen, das wiederum den Muttispeck oberhalb des sich ins Fett einschneidenden BHs hervorquellen lässt, blaue Extensions, die sich genau dort stauchen und verfilzen, wo bei glücklicheren Gestalten ein Hals geplant war, Permanent-Make-up, das grotesk balkenartige Augenbrauen wie mit dem Textmarker umrahmt, als wäre die Make-up-Vorlage ein makabres Otto-Dix-Gemälde gewesen. Findet sich aber bildhübsch, das Exemplar. Hat das Beste aus seinem Typ gemacht! Ist die nächste Shopping-Queen! Das alles sind auch Entscheidungen, die von eben den fremden Leuten getroffen wurden, die sich dann wiederum anonym eine Meinung über uns erlauben. Leute hacken Pöbeleien in unsere Accounts, die nur darauf abzielen, uns schlecht dastehen zu lassen, damit sie (die Täter!) sich in ihrem Frust besser fühlen können. Solche Hater sind es gar nicht wert, dass man ihnen Zeit, Aufmerksamkeit oder Energie widmet. Sowas wird blockiert und verschwindet direkt im Spam. *Bad Energy!* Mein dicker, fetter Spamordner wird eines Tages als geballte Ladung schlechten Karmas wie eine Naturgewalt auf die Online-Täter zurückschlagen.

Innerhalb dieser grauen, schweigenden Mehrheit in den falschen Klamotten von Kik und Takko gibt es mit Sicherheit jede Menge lustiger, humorvoller, herzensguter Genossen. Die können gerne alle zum Grillen kommen! *Aber:* ich würde deren Meinung nicht unbedingt in Sachen Stilexpertentum zu Rate ziehen. Umso mehr aber, wenn es darum geht, in den Wald eine Schneise zu schlagen. Jeder aus der Fraktion »50 Shades of Beige« hat seine Stärken und Talente, man muss sie nur an der richtigen Stelle einsetzen. Dass allerdings den Exemplaren unter uns, die es aufs Pöbeln abgesehen haben, eine weltumspannende Plattform geboten wird, die jeglichen Anstand und alle zivilisierten Sitten des sozialverträglichen Verhaltens ignoriert, das ist eine völlig neue Zeiterscheinung. Entstanden ist eine rechtsfreie Zone, gegen die sich jeder einzelne abgrenzen muss.

Niemand kann *Everybody's Darling* sein. Außer Kylie Minogue. Ich finde es reicht schon, wenn einen 50 % der Menschheit lieben. (Und Kylie Minogue.)

Wer also mit seiner lila Pudeldauerwelle irgendwelchen Realityplunzen folgt und eine Knalltüte mit Hauptschulabschluss ist, dem darf ich gerne, aber dem muss ich nicht gefallen. Da sage ich doch einfach mal NEIN!

Ich *will* gar nicht jedem gefallen und es nicht 100 Millionen Menschen Recht machen. Das würde auch in Beliebigkeit ausarten und mir die Kontur rauben.

Und ich will auch niemanden von den unterbelichteten, selbsternannten Stars, deren Namen keiner kennt, beleidigen, weil es die Energie nicht wert ist. Damit würde man all die Spinatwachteln einfach überbewerten.

Mein NEIN zu all diesen unschönen und unerfreulichen Realitäten wird ehrlich, höflich und entwaffnend serviert.

Es ist uns Menschen in einer Demokratie nun mal gegeben, eine eigene Meinung zu haben und diese zu vertreten. Ich habe überhaupt kein Problem damit, dass es auch

Menschen gibt, die mich zum Kotzen finden. Ich finde die ja auch scheiße!

Bei manchen allerdings halte ich es für ein großes Missverständnis, denn mediale Bekanntschaften sind immer nur eine Momentaufnahme. Es werden einseitige Bilder vermittelt, die mit dem echten Menschen reichlich wenig zu tun haben.

Deshalb liebe ich meine Autogrammstunden, Lesungen und Live-Performances: Hier werden Missverständnisse geradegerückt und jeder geht mit einem echten, unverfälschtem Bild nach Hause.

Nein, ein Künstler, der flächendeckend geliebt und verstanden werden will, ist ein Widerspruch in sich, denn Kunst muss nun mal Grenzen überwinden und Mauern einreißen.

Ich wäre ja zutiefst beleidigt, wenn irgendwelche Arschlöcher mit drei Gehirnzellen und bösen, kriminellen Absichten, die alles Schlechte und Hässliche in der Welt billigend fördern und vorantreiben, mich als ihre Ikone auserkoren hätten. Aber selbst wenn – ich lasse herzlich gerne diesen Arschlöchern ihre verfickte Meinung!

Man kann nicht jeden bekehren! Gegen Dummheit ist nun mal kein Kraut gewachsen. Jeder Mensch hat ein Recht auf Dummheit – leider wird dieses Recht oftmals überstrapaziert.

Sollen die, die liebend gerne ihr Unwesen treiben, sich doch in ihren eigenen Communitys zusammenrotten und die anderen, die an das Gute und Schöne glauben und für eine bessere Welt eintreten, verschonen.

Das Elend fängt ja schon bei den Kandidaten an, die größtmögliche Toleranz für sich selbst einfordern, ohne im Gegenzug diese Toleranz anderen zu gewähren. Das Böse wird schon dort gesät, wo die vermeintliche Liberalität nur den eigenen Interessen dient.

Bin ich schwul? Nein! Aber ich unterstütze seit 40 Jahren die Rechte der LGBTQ-Community und habe – ohne eigene Interessen – deren Ziele zu meinen erklärt. Denn was wäre die Welt ohne Homosexualität? Sie bestünde aus schlechten Haarschnitten, wenig Musik und kaum Haute Couture.

Ich unterstütze ihr Anliegen für eine bessere Welt und das Recht auf Liebe für alle, obwohl es mir persönlich nicht mundet. Ich will auch keine andere Frau heiraten. Aber trotzdem stimme ich dafür. Weil ich zu Homophobie NEIN sage. Seit 50 Jahren.

Genauso die namensrechtlichen Fragen: Die Welt ist voll von falschem, unechtem, adoptiertem Phantasieadel. Ich bin sowieso eine Prinzessin, ich brauche dazu nicht mal einen Titel. Der wird ja meistens von Leuten vor sich hergetragen, die aus eigener Kraft eine solche Rolle gar nicht füllen könnten. Da hängt man eben ein Schild um den Hals und schreibt »Prinzessin« drauf, weil es ansonsten gar keiner glauben kann. Bei mir ist das umgekehrt. Ein solches Label habe ich gar nicht nötig, da ich von Haus aus edel bin. Und eine angeborene Noblesse ist nun mal nicht aus mir rauszukriegen.

Trotzdem schaue ich als kultivierter Mensch nicht auf andere herab. Ich umarme stattdessen die gesamte Bandbreite der Kinder Gottes – und zwar in all ihrer Vielfalt und den faszinierendsten Verzerrungen.

Dazu möchte ich auch meine Mitmenschen ermutigen. Es gehört zum demokratischen Prozess dazu, die Diversität anderer Meinungen zu dulden und eine persönliche

Meinung öffentlich vertreten zu können, ohne sich dafür entschuldigen zu müssen. Oder sich gar schuldig zu fühlen, weil man von seinem Recht auf ein überzeugtes NEIN Gebrauch macht!

Ich höre schon die aufgebrachten Rufe jener, die mir vorwerfen, ein NEIN wäre unter Umständen doch sehr egozentrisch. Es würde anderen schaden oder sie gar verletzen. Tja, Leute, dann betrachtet die Welt mal nicht so eindimensional. Ein ehrliches NEIN hat nämlich absolut nichts damit zu tun, sich selbst als egoistisches Arschloch zu postulieren. Im Gegenteil: Wir werden nur dann Achtung und Respekt ernten, wenn wir unseren Standpunkt deutlich vertreten.

Was wir nämlich lernen sollten, ist die Kunst, auf *angemessene* Weise NEIN zu sagen. Ein zivilisiertes NEIN zerstört weder Beziehungen, noch verletzt es unsere Mitmenschen. Zumindest verletzt es sie weniger als Shitstorms und Hater-Kommentare, die abzusetzen ja offenbar bedenkenlos stattfinden darf. Da bringt also eine Gesellschaft tatsächlich nicht den Mut zum NEIN-Sagen auf, denn man will ja bloß nicht anecken – während gleichzeitig Pöbeljargon und anonyme Online-Hexenjagden völlig legitim sind? Ist es nicht paradox, dass hier mit zweierlei Maß gemessen wird? Da traut sich so mancher aus der Anonymität der Foren heraus, Hass und Frust bei ihm völlig unbekannten Menschen abzuladen, aber er wagt es nicht, bei überzogenen Forderungen dem Chef, dem Kollegen oder dem eigenen Kind ein berechtigtes NEIN zu servieren?

Es gibt ganz klar Dinge, für die sollte man sich schämen und sich schuldig fühlen – ein ehrliches NEIN gehört jedenfalls nicht dazu! Und solange Sie Ihr NEIN höflich abliefern, wird Ihnen niemand deswegen böse sein. Im Gegenteil!

Ein Beispiel: Ich mag keine Peanutbutter, und ich werde auch keine Peanutbutter-Partys besuchen, auch wenn meine allerbeste Freundin neuerdings groß in den Peanutbuttermarkt eingestiegen ist. Peanutbutter ist für mich bräunliche Schmiere und ein Hippiescheiß, der mir aufs ekeligste in die Nase steigt, und den ich noch nie mochte. Ich stehe ja auf Lemoncurd. Versteht wieder keine Sau, egal. Aber deshalb werde ich mich nicht unter Druck setzen lassen und etwas promoten, womit man mich jagen kann, weil es mich an die Kuhfladen eines diarrhöischen Elefanten erinnert, dessen Hinterlassenschaften mit einem Spatel in Gläser abgefüllt worden sind. Von dieser meiner persönlichen Meinung lasse ich mich nicht abbringen, auch wenn meine Freundin mir Vorträge hält, diese Peanutbutter diene seit 3000 Jahren als natürliche Gleitcreme für die Vaginalflora einer von Scheidentrockenheit befallenen Aborigine-Eingeborenen in der zweiten Lebenshälfte. Also total bio und alles ganz erdnussbuttermäßig, klar.

Natürlich sage ich der Freundin nicht: »Den Scheiß, mit dem du handelst, kannst du dir sonstwohin schieben« – weil das ihre Gefühle verletzen würde. Ich sage ihr auch nicht, dass sie voll einen an der Waffel hat und mir mit ihrem politisch korrekten veganen Vaginalwahn voll auf den Zeiger geht.

Aber ich teile ihr meine ehrliche Meinung mit, dass Peanutbutter für mich als Konsument nicht in Frage kommt, und sie ihre Zeit nicht mit dem Versuch verschwenden soll, auf ihren Peanutbutterpartys, die sie regelmäßig zur Vermarktung abhält, meine Anwesenheit zu erbitten, da ich ihr mit meiner Ablehnung keinen Gefallen tun würde. Ich will meine Arterien nicht mit transfetten Giften verstopfen lassen und hüte mich vor jeder neuen Sucht, die an der nächsten Ecke lauert.

Und habe ich ihr mit meinem klaren NEIN nicht einen riesengroßen Gefallen getan? Und mir gleich mit dazu? Aber sowas von! Die liebe Nina muss nun keine Energie mehr an der falschen Stelle verschwenden. Sie rechnet nicht mehr mit meiner Unterstützung als prominente Freundin und hat Zeit gespart um andere, überzeugtere Anhänger um sich zu scharen.

Eine Meinung zu haben ist etwas Unemotionales, und das wird oft völlig falsch verstanden. Mehr noch: Eine eigene Meinung zu haben wird bei Uneinigkeit ja sogar oft als verletzend gewertet. Als Ablehnung, als Bedrohung einer Freundschaft. Das ist doch wirklich Mädchenkram!

Es gilt ja schon als Eklat, wenn innerhalb der eigenen Familie nicht dieselbe politische Überzeugung oder gar Religion vertreten wird. Aber warum?

Nun, genau das abzulehnen, was die Herzensfreunde oder die Familie aufs Podest heben, das erfordert Rückgrat. Vor allem, wenn man damit alleine dasteht!

Überlegen Sie sich einfach mal, wieviel besser das Leben sein könnte, wenn Sie einfach NEIN zu allem sagen würden, was Sie eigentlich gar nicht brauchen, besitzen, haben, verwenden wollen. Sie hätten Zeit, Energie und Geld für Dinge, zu denen Sie ganz bewusst JA sagen wollen. Zum Beispiel zu den paar Kilo weniger auf den Hüften, weil Sie NEIN zum Tortenangebot im Supermarkt sagen. Zum neugewonnenen Platz im Schrank, weil sie NEIN zu den Unmengen von Stretch-Schläuchen und ausgebeulten Leggings gesagt haben und sich endlich von den abgeranzten alten Lieblingsteilen aus Polyester verabschiedet haben.

Sie wollen Ihre Zeit gerne so verbringen, dass *Sie* am meisten Freude damit haben? Dann hilft ein klares NEIN zu all den langweiligen Events und Partys, bei denen schon jetzt absehbar ist, dass Sie eh wieder nur vor Leuten flüchten werden, die Sie das ganze letzte Jahr erfolgreich gemieden haben. Vertrauen Sie mir, wenn ich Ihnen sage: Sie müssen da nicht hin!

Das, was theoretisch auf diesen Events und Partys passieren könnte, tritt sowieso nicht ein. Weder wartet bei der Galerieeröffnung der Mann Ihres Lebens auf Sie, noch wird ein Headhunter Ihnen eine Managementposition auf dem Silbertablett servieren. Sie kehren heim mit einem Haufen Visitenkarten, von denen Sie nach kürzester Zeit schon nicht mehr wissen, welche Visage eigentlich dazu gehört.

Wie wäre es, wenn Sie das Ruder rumreißen? Ganz einfach die Möglichkeit nutzen, das, was *Sie* wirklich wollen, zu vertreten?

Es braucht dringend kritische Geister, die die Verhältnisse, in denen wir leben, nicht als fertig und vollendet akzeptieren. Um zu streiten, bedarf es allerdings verdammt viel Kultur! Weil die leider Gottes verlorengeht, bleibt auch die Streitkultur auf der Strecke. Dies zu vermeiden, ist das, wofür ich eintrete! Wir müssen einfach wieder mehr streiten – und zwar laut und heftig!

7
NEIN zu Konfliktscheuheit
oder
Streit in the City

Me, the Queen of Streitkultur – und meine Krone, sie liegt in der Gosse. Aber ich habe mein Diadem längst ausfindig gemacht und bin fit genug, um mich danach zu bücken – galant und graziös, mit verdammt gradem Rücken und Haar, das sitzt, versteht sich! Von so viel Anmut kann so manche Prinzessin in deutschen Landen nur träumen.

Was also ist ein guter Streit? Gewiss nicht das, was der ein oder andere damit assoziiert. Ein guter Streit bedeutet nicht, dem anderen vor die Füße zu spucken und laut rumzubrüllen. Türen zu knallen. Auf Fäkalsprache zurückzugreifen. Sich übelste Schimpfworte an den Kopf zu werfen – das hat wahrlich nichts mit konstruktiver Debatte zu tun. Es zeugt vielmehr von Beschränkung und Hilflosigkeit, ja von Schwäche.

Kleine Kinder können großartig und perfekt streiten. Wirklich! Davon können wir jede Menge lernen. Beobachten Sie streitende Kinder einmal genau. Alles, was sie tun, ist so natürlich und politisch so wunderbar unkorrekt. Sie gehen einfach unvermittelt zum Knirps gegenüber, weil er blöd glotzt, nehmen den gefüllten Eimer Sand, stülpen ihn der Rotznase über den Kopf, und wenn das Opfer laut schreit, gibt's noch ordentlich zur Strafe eins mit der Schaufel auf die Birne. Fünf Minuten später schippen beide gemeinsam Sand in denselben Eimer und nehmen einem anderen Kind gemeinsam den Bagger weg. Großartig! Wie später einmal auf dem Oktoberfest.

Mit dieser kindlichen Direktheit ist schonmal viel erreicht: Provokation, Reaktion, Interaktion, Kommunikation – beherrscht man all das, kommt man gut miteinander aus. Viele Partygänger oder Ehepaare haben diesen natürlichen *flow* längst verlernt. Lebenslügen haben zur Deformation organischer Abläufe geführt. Degeneration ist die Folge.

Selbst die Folgen eines so ursprünglichen, kindlich unschuldigen Streitpotentials sind total berechenbar: Alle Eigenschaften, die herbeieilende Eltern des Opfers moralisch anprangern, verblassen angesichts des haushohen Sieges: Sei es gemein, ungerecht, unverschämt was der Stöpsel da losgetreten hat – scheiß drauf, die Nase des Gegenübers hat ihm nicht gepasst, und dafür gabs was auf die Fresse. Das werden wir uns als Erwachsene nicht mehr leisten können, also lasst die Kinder sich ruhig austoben.

Es gibt unter Kleinkindern nur Sieg oder Niederlage – nichts dazwischen. Ist das nicht eine erfrischende frühe Lektion?

Wie falsch ist es, wenn hier jetzt überqualifizierte schwäbische Eltern aus dem Prenzlauer Berg eingreifen und den politisch korrekten Richter spielen wollen? Nein, lasst die Kinder das unter sich ausmachen. Wie die Jungböcke auf der Weide, wie die sich kabbelnden Füchse, die das erste Mal den Bau verlassen und einander im Forst beschnuppern.

Klar gilt es, den Kleinen allgemein akzeptiertes Sozialverhalten beizubringen und sie ordentlich in die Gesellschaft hineinwachsen zu lassen, das steht ja außer Frage. Aber dass mittlerweile in Krippen und Krabbelgruppen die oberste Priorität nicht etwa ist: *Respekt haben! Den anderen gelten lassen! Akzeptieren, das jeder es auf seine Weise macht ...* Das wäre wirklich wünschenswert! Stattdessen gilt das Harmonie-Diktat: *Es darf auf gar keinen Fall gestritten werden!* »Vertragt euch mal schön«, heißt es dann immer und überall. Es ist ja Mode geworden, dass Kinder aufwachsen sollen ohne zu weinen und ohne zu streiten. Alle archaischen, natürlichen Mechanismen unserer DNA sollen im Keim erstickt werden.

Krippen und Schulen fahren ein Programm wie in den Gähn-Talkshows, wie im Schnarchprogramm der Öffentlich-Rechtlichen, mit den ewig wiederkehrenden Langweilerparolen.

Was wird aus dem uns von Mutter Natur gegebenen Talent zum Streiten?

Zivilisiertes Streiten bedarf leider vieler Voraussetzungen. Voraussetzungen, die all jenen abgehen, die nun mal nicht die hellste Kerze auf der Torte sind. Wenn ihnen das bewusst wird, sind solche Kandidaten natürlich beleidigt. Wer Frust hat, aber keine Idee wie er diesen kanalisieren kann, dem bleibt eben nur die Flucht in den anonymen Shitstorm am PC, oder es fliegen im wahren Leben die Fäuste.

Somit setzt eine geschulte Streitkultur schonmal eine Idee voraus, über die es sich verhandeln lässt. Eine These. Ein äußerer Anstoß, der weiter reicht als der persönliche Nutzen des Streiters.

Wer nicht mal die Energie oder Leidenschaft hat, für eine Idee zu brennen, wer sich in der eigenen *comfort zone* bequem zurücklehnt, dem ist am Ende alles egal, und er wird sich für nichts auf der Welt in den Ring begeben. Er vertritt keinen Standpunkt, und wenn keine Sterne geholt werden oder kein Tor fällt, dann ist es einem eben auch egal. Und hier lauert ein großes Missverständnis, wird doch alleine schon die Tatsache, eine eigene Meinung zu haben, heutzutage als Respektlosigkeit verdammt. Wo bleibt der Mut, starke Gefühle auszusprechen, sich emotional zu engagieren? Für Überzeugungen einzutreten? Vielleicht sogar einer ganzen Gruppe gegenüber? Da werden Spott und Polemik doch zu herrlich polierten und zugespitzten Waffen, weil sie dazu dienen, unsere Rede zu präzisieren.

Fruchtbarer Streit erfordert allerhöchsten Respekt für den Gegner!

Wir schlagen ja nicht zu, wir erheben nicht die Keule, wir fechten mit dem Florett unserer spitzen Zunge! Und schlagend sind höchstens unsere Argumente.

Okay, wer so überhaupt gar kein Maß an Bildung besitzt, wer so gar keine Worte findet, wer aus Frust über seine Sprachlosigkeit gerne einen über den Durst trinkt, bei dem gibts vielleicht auch mal was aufs Maul. Das ist aber immer auch Wut über die eigene Ohnmacht. Um hier einen anderen Weg zu trainieren, um konstruktiv und gekonnt zu streiten, braucht es ein gehöriges Maß an Reflexion.

Wenn es also mit der Bildung schwierig ist, wie sieht es dann aus mit der Leidenschaft? Diese kann nämlich fehlende Bildung durch Engagement aufwiegen.

Gute Debattenkultur ist auch immer witzig. Es lohnt sich also in jedem Fall, das Streiten zu kultivieren, und sei es nur, dass man am Ende einen Lacher und eine gute Geschichte zu erzählen hat.

Also, ich brenne ja für Streit, Zank und Debattenkultur! Dafür klebe ich mir die Wimpern an und mache mich richtig schick!

Warum ich Streit so liebe? Streit deckt Fehler und Unvollkommenheiten auf! Er treibt die Herde voran und hinterfragt die Dinge, anstatt alles unreflektiert hinzunehmen.

Streit festigt Beziehungen und erschafft Identitäten. Nach einem ordentlichen Streit hat man sich Klarheit verschafft, mit wem man es zu tun hat. Man lernt sich sehr viel besser kennen durch einen ordentlichen Streit.

Wonach Sie immer gesucht haben, was Sie schon längst getan haben wollten, wonach es Sie immer gedrängt hat, all das würde sich von selbst einstellen, wenn Sie einfach mal ordentlich Dampf ablassen!

Bei einer guten Auseinandersetzung zeigt sich, was in uns steckt. Ein sommerliches Gewitter mag angsteinflößend sein, aber gleichzeitig sind wir fasziniert und angetan von seiner Dramatik!

Solange man sich streitet, setzt man sich auseinander, nimmt Themen und Anliegen ernst, bezieht Standpunkte. Und eines kann ich garantieren: Ohne das Ausfechten solch unterschiedlicher Positionen gehen Beziehungen kaputt, Familien ignorieren einander, in der Schule geht man unter, und am Arbeitsplatz wird man weggemobbt. Konfliktscheuheit ist nicht der Weg ins Paradies, sondern das Tor zur Hölle! Und am Ende kostet sie uns die Demokratie.

Rüpelhaftigkeit, Polterei, Pöbelei hat mit all dem nicht das Geringste zu tun, ganz im Gegenteil. Partnerschaften, Beziehungen zu Nachbarn und Kollegen kranken daran, dass sich niemand auf einen echten, ehrlichen Streit einlassen will.

Wer nicht streitet, will nichts mehr vom Leben. Wer nichts will, ist Mitläufer, schweigende Mehrheit, Karteileiche, nur ein verstaubter Ordner im Fundus der Geschichte. Erst Papierkram. Dann Asche.

Und lassen Sie mich eines sagen: Sehr viele Leute, die sich friedvoll und harmoniesüchtig geben, sind alles andere als nett. In Wahrheit sind sie bloß zu faul zum Denken!

Und wo alles ein und dieselbe harmonische Soße ist, gibt es gar keine Fronten und was entsteht ist gähnende Ödnis à la Dschungelcamp 2018. Diese weichgespülte Grundharmonie, die sich mit Merkel'scher Sedierungssemantik überall etabliert hat, ist purer Selbstbetrug!

Dabei ist Streiten eine Kunst! Moralisieren, belehren, Unzugänglichkeit für Argumente, Austausch von Beleidigungen, alles was sich respektlos über das Gegenüber erhebt, ist hier völlig fehl am Platz. Wirklich ernsthaft und auf hohem Niveau zu streiten, ihr Lieben, das bedeutet, den Gegner überhaupt ernst zu nehmen. Eine respektvolle Auseinandersetzung ist durch und durch sinnstiftend. Das ist eine Vokabel aus der Philosophie. Und nur, wenn man für Dinge brennt, gestaltet sich Zukunft!

Reibung produziert Energie. Warum, bitteschön, verzichten wir auf all das? In einer freien Gesellschaft, in der doch angeblich alles erlaubt ist und alles gesagt werden darf?

Ist gar am Ende nichts mehr übrig, über das man geteilter Meinung sein darf? Mit dem man sich auseinandersetzen müsste? Wogegen soll man angehen, wenn es keine Verbote und Tabus gibt?

Natürlich hat die Freiheit eine dunkle Kehrseite: Jeder muss das eigene Schicksal selbstbestimmt meistern. Positionen, die wir in einem Streit vertreten, müssen wir aus uns selbst heraus begründen. Das erfordert Kraft und Durchhaltevermögen. Am besten ist es, wenn man dazu noch Mitstreiter mobilisieren und genug Energie aufbringen kann, um die Argumente bis zum bitteren Ende zu verfechten. Das trauen wir uns oft nicht – und ducken uns lieber weg. Die Frage ist schließlich:»Wer hält zu wem?« Am Ende habe ich die ganze Sippschaft, den gesamten Clan gegen mich. Wie erkenne ich überhaupt, wer Verbündeter und wer Gegner ist? Was ist, wenn alle anders denken? Was ist, wenn ursprünglich Gleichgesinnte mir in den Rücken fallen? Was passiert bei Wetterwechsel? Wenn plötzlich der Wind aus der anderen Richtung weht?

Wir haben Angst vor verwischten Fronten. Aus Bequemlichkeit!

Wenn wir nicht mehr bereit sind zu streiten, untergräbt das die Grundlagen unseres Zusammenlebens. Nur wenn wir unsere Argumente aneinander schärfen, können sich Freiheit und Demokratie weiterentwickeln. Aber weil alle lieber entspannt ihren Latte Macchiato schlürfen, anstatt etwas zu riskieren, lassen wir das Streiten lieber ganz sein. Am Ende heißt es noch:»Die ist streitsüchtig«! Wer will denn, dass andere das über einen denken? Da ist ja koksen noch gesellschaftsfähiger – da heißt es wenigstens:»Die ist gut drauf«!

Ja, so ist das heutzutage: Als Kokser kannst du dich überall sehen lassen, als Mensch, der eine eigene Meinung hat, wird's schwierig. Könnte ja ungemütlich werden.

Ich finde, Koksen ist voll 80er. Und wie so vieles aus diesem Jahrzehnt braucht das heute wirklich niemand mehr. Aber ohne Streit, da gibt es keinen Fortschritt.

Mit jedem halbherzigen JA erkaufen wir uns nur temporäre Harmonie – eine Art von Frieden, die brüchig ist und ein zeitnahes Verfallsdatum hat. Und früher oder später beginnt das falsche JA zu stinken wie ein faules Ei! Ein knackiges NEIN hätte da viel Ärger erspart.

8
NEIN-Sagen für JA-Junkies
oder
NEE im Büro

Es gibt nun wirklich keine Entschuldigung mehr dafür, ein JA-Junkie zu sein! Beginnen wir doch gleich am Arbeitsplatz. Sie haben ein schlechtes Gewissen, weil andere enttäuscht sein könnten, dass Sie nicht deren Drecksarbeit übernehmen? Ihre Kollegin ist krank, ein Mitarbeiter schwanger, der Azubi verliebt und die Aushilfe geistig unterbelichtet? Sie sind mal wieder überlastet und unzufrieden mit dem sich häufenden Pensum? Das Sie aber auch nur haben, weil Sie mal wieder unreflektiert in irgendwas eingewilligt haben, obwohl doch Ihr fester Vorsatz war, sich nicht mehr für Sklavendienste vereinnahmen zu lassen?

Gefälligkeiten und Anfragen mit einem freundlichen, aber bestimmten NEIN abzulehnen, ist für das Wohlbefinden und unser inneres Gleichgewicht ebenso wichtig wie ein herzhaftes JA aus Überzeugung.

Etwas dankend abzulehnen, befähigt uns dazu, mehr Zeit und Energie in jene Projekte zu stecken, die uns wirklich am Herzen liegen – und uns so effektiver dem zu widmen, was jenseits des Jobs unsere Lebensaufgabe ist.

Es mag zunächst ungewohnt sein, nicht quasi schon reflexartig alles abzunicken, was an uns herangetragen wird.

Oftmals hat man ein halbherziges JA bereits geliefert, bevor man überhaupt nachgedacht hat.

Für die Übergangsphase und alle, die wirklich tief im Morast des JA-Sagens stecken, empfehle ich als ersten Schritt, zumindest anstatt eines mutigen NEINs zu charmanten Ausweichformeln überzugehen. Solche Hilfsinstrumente lassen sich nutzen wie Werkzeuge – ganz leidenschaftslos.

Als Neu-Einsteiger rate ich Ihnen dazu, die folgende Phrase einzuüben: »Lasst mich drüber nachdenken.«

Super, oder? Das ist zwar nicht gleich das direkte »NEE, da kannste schön selbst gucken, wie du das hinkriegst ...«, was wir eigentlich sagen wollen, aber es verschafft uns schon mal Zeit, um Abstand zu gewinnen und uns genau zu überlegen, ob man wirklich um acht Uhr früh am Sonntag eine ganze Horde Elfjähriger als Elternbetreuer zum Auswärtsspiel nach Rostock fahren möchte. Hab ich alles hinter mir. Wenn man nach kurzem Überlegen zu dem Ergebnis kommt, dass man sich in den letzten zwölf Monaten stets erfolgreich um die Aufgabe gedrückt hat und es nun doch mal Zeit wäre, seinen Teil zu leisten, dann kann man immer noch am Freitag zustimmen. Toll!

Und wenn man am Ende nicht zustimmt, dann hat man immerhin bereits die erste Übungseinheit absolviert: erst denken, dann reagieren und die Schuldgefühle getrost beiseite packen.

Sie konnten Zeit schinden und haben festgestellt, was Sie *nicht* wirklich wollen: Gratulation!!

Wem der Mut zum klaren NEIN fehlt, wer gerne und häufig taktvoll und sozialverträglich abwägt, der eignet sich am besten gleich ein ganzes Repertoire für derlei Engpässe an:

»Ich sage bis Donnerstag Bescheid, ob es passt.«

Zwar lässt man damit das Ende offen, erlaubt sich aber selbst Zeit, um abzuwägen, ob man den zusätzlichen Einsatz schultern kann.

Wer ein extracharmantes NEIN servieren möchte, kann sogar den Zeitrahmen eingrenzen und so die Sache zeitnah zum Abschluss bringen: »Ich glaube, dass ich mir in den nächsten vier Wochen an einem Wochenende dafür freinehmen kann, aber diesmal wird es leeeeeiiiider nichts.«

In glasklaren Fällen holen Sie tief Luft und sagen bestimmt, aber freundlich sofort ab: »Es tut mir herzlich leid, aber dieses Mal kann bei uns am Wochenende kein Hausbesuch übernachten, meine Schwiegermutter kommt mit ihren Katzen.«

Denken Sie dran: Jemand anderen kurzzeitig zu enttäuschen, ist immer noch besser, als sich selbst Zuständigkeiten aufzuhalsen, denen man sich nicht gewachsen fühlt.

Manche Leute sind ja auch unangenehm beharrlich und tun sich schwer damit, ein NEIN zu akzeptieren. Da wird es dann schon mal Zeit für eine überzeugende Notlüge.

Ob man vielleicht zum Laubenpieperfrühschoppen in der »Kolonie Heiterkeit« eine selbstgebackene Schwarzwälder Kirschtorte mitbringen könnte? Wie schade, leider wird grade die Küche renoviert. Oder der Physiotherapeut hat das Schlagen von Sahne wegen des ausgekugelten Schultergelenkes verboten. Was auch immer es ist: Die Antwort ist definitiv NEIN!

Wenn es ganz und gar eng wird, empfiehlt es sich, dem NEIN einen ganz deutlichen Klang zu geben und ein wenig expliziter zu werden. Manche Leute verstehen es sonst ja einfach nicht. Holen Sie tief Luft, denken Sie an das, was Sie

stattdessen mit Ihrer Zeit und Energie machen wollen, und
sagen Sie:

»Es tut mir leid, aber ich kann nicht nochmal eure
Überstunden übernehmen und schon wieder am Wochenende den Dienst tauschen. Ich hab nämlich auch Pläne, die
mir wichtig sind. Die Bügelwäsche häuft sich!«

Schließlich, wenn es etwas sportlicher wird – sagen wir,
wenn es zum Beispiel um die Oktoberfestfeier des Groß-
raumbüros geht, oder den Platz auf dem Wagen beim Fir-
menkarnevalsumzug, den Sie beim besten Willen nicht über
sich ergehen lassen können (unter anderem weil Sie Anti-
alkoholiker und Karnevalsmuffel sind) –, gibt es noch folgenden Geheimtipp:

»Danke Leute, aber ich bin raus!«

In der Mehrzahl aller Fälle sind die Gedanken und Sorgen,
die man sich über die Reaktionen anderer macht, völlig falsch.

Da laufen Wildwest-Filme im Kopf ab über mögliche
Folgen und Konsequenzen, die von Ängsten befeuert werden und Drama, Drama ahnen lassen. Natürlich passiert
das manchmal, aber in der Mehrzahl aller Fälle geschieht:
einfach gar nichts. Klar, manchmal läuft es scheiße – aber
wenn, dann kommt es so dicke, wie man es sich gar nicht
vorzustellen wagte. Auf jeden Fall kommt es immer anders
als man denkt.

Ich hatte ja mal Hausverbot in einem Restaurant. Der
Grund dafür war ein Date, das extreeeem gut gelaufen war.
Nicht nur zog ich unter dem Tisch meine schicken Slipper
aus, auf wundersame Weise näherte sich mein schlanker Fuß
dem Lendenbereich meines Verehrers, um sehr geschickt
zwischen Hosenbund und Stuhlkante ganze Arbeit zu leis-

ten. Was ich da runtergeholt habe, blieb wohl einigen der seriöseren Gäste der Paris Bar nicht verborgen. Natürlich vor allem denen, die ihren Sexappeal erst wieder aus der hintersten Mottenkiste hervorkramen müssten, hätten sie jemals wieder ein Blind Date. Irgendeine frustrierte Cashmereziege hatte sich wohl beschwert, den Restaurantleiter alarmiert und wegen Erregung öffentlichen Ärgernisses wurde dann die Polizei geholt. Wir haben uns dann auf die Toilette zurückgezogen, um die Angelegenheit standesgemäß und auch professionell zum Abschluss zu bringen. Weil es mir ziemlich egal ist, wo ich mir meine Tiefkühl-Country-Fries und meine aus Pulver aufgeschlagene Mousse au Chocolat einpfeife, hat mir das Hausverbot gar nicht viel ausgemacht. Wir sind angeheitert nach Hause getaumelt und haben im Gehen noch ein Paar Intellektuelle im schwarzen Rollkragenpullover beschimpft. Jedenfalls wurde ich ein paar Monate später während der Berlinale von einer größeren Gruppe Filmschaffender genau an diesen Ort der Schande, nämlich die Paris Bar, abgeschleppt und befürchtete verständlicherweise das Schlimmste: Ein Eklat, ein Skandal an der Schwelle dieses Lokals, in dem ich einst einen herrlichen Abend verbracht hatte, nur um dann verfemt mit zerrissenem Schlüpfer der Örtlichkeit verwiesen worden zu sein. Na, zur feuchtfröhlichen Runde sagte ich natürlich nicht NEIN, aber NEIN sagte ich innerlich zu einer Debatte mit dem Bouncer an der Tür. Am Ende würde die Presse noch live mitbekommen, dass man mich wegen Hausverbotes in der Paris Bar abweist. Und das, wo ich doch schon Hausverbot im Theater des Westens habe, da ich mal auf einer Gala der Berliner Aidshilfe ein Foto im Rollstuhl gemacht habe – wie Bette Midler in ihrer besten Zeit!

Low profile war also die Devise, bloß nicht auffallen. Denn aus der Nummer kam ich an dem Abend nicht mehr raus, alle freuten sich schon auf die Bar. Und was geschah dann tatsächlich vor Ort? Nichts! Absolut gar nichts. Niemand nahm Anstoß daran, dass die mit Hausverbot gebrandmarkte Madame La Nick drauf pfiff und selbige Schmähung ignorierte.

Ich denke mal, die Toiletten der Paris Bar haben weitaus Tragischeres gesehen als ein attraktives Paar, das zügig die natürlichste Sache zwischen Mann und Frau zu einem für beide sehr befriedigenden Abschluss bringt. Ich habe ja schließlich auch nichts verschüttet ...

Einladungen zu Musikkonzerten, auf die man keine Lust hat, sind ebenso strikt und bestimmt zurückzuweisen wie die Übernahme eines alten, ausgedienten E-Pianos, des ererbten Aquariums oder der achttägigen Kreuzfahrt nach Lateinamerika auf einem 5.000-Personen-Dampfer in der Mittelkabine, inklusive zweier Langstreckenflüge in der Economy-Class.

Auch für die so liebevoll als »Freundschaftsdienste« betitelten Anfragen, sagen wir: Umzugshilfe, Malerarbeiten, Schneiderdienste, Haushaltsreparaturen und Co. gibt es natürlich immer eine charmante Brücke zum NEIN:

Mal eben den Gartenzaun streichen am Wochenende? »Kommt für mich nicht in Frage, aber ich wüsste da jemanden.« Ganz einfach – Problem weitergereicht, eigenes Wohl im Auge behalten. Und dabei noch so hilfreich geblieben!

Und wenn Ihr Plan ist, am Wochenende keine Pläne zu machen, dann heißt es eben: »Tut mir leid, aber ich bin am

Wochenende schon verplant.« Verplant zum Nichtstun. Ausgebucht mit Müßiggang. Das ist Ihr gutes Recht!

Ob Sie nun einen lange vernachlässigten alten Freund treffen möchten, mit dem Sie ein seltenes Abendessen geplant haben, oder ob sie einfach am Samstagnachmittag ein paar Stunden Schlaf nachholen oder die Hornhaut Ihrer Füße abhobeln müssen – Sie sind nur sich selbst verpflichtet, und dagegen gibt es keine Argumente.

Das alles erscheint jetzt wie simple, naheliegende Auswege aus der Routine des Abnickens, aber in Wirklichkeit sind diese Formeln Lebensretter. Sie müssen sie aber auch einsetzen!

Behalten Sie dazu einfach einige der Lebensretter-Phrasen im Hinterkopf, oder stecken Sie zur Erinnerung einen Zettel in Ihren Kalender oder das Portemonnaie – bei der nächsten Gelegenheit, die ganz bestimmt nicht lange auf sich warten lässt, greifen Sie darauf zurück und werden voller Stolz genau dort aus dem Hamsterrad aussteigen, wo sie sich gestern noch breitschlagen ließen.

Die Mehrzahl aller Berufstätigen fühlt sich ja gefangen in diesem Teufelskreis, in dem wir gezwungen sind, auf alles, was man uns vor die Nase setzt, spontan und zustimmend, sprich bejahend, zu reagieren. Ob die zusätzlichen Verpflichtungen im Beruf nun wirklich wichtig sind oder nicht, entscheiden gerne die Anderen für uns. So werden wir zu Sklaven der Dringlichkeit.

Prinzipiell hätte alles gestern geschehen müssen, was heute auf den Tisch kommt. »Zu spät« ist Standard! Heute werden die Aufgaben verteilt, die gestern hätten erledigt sein sollen.

Prioritäten zu setzen erfordert Reflexion, Reflexion wiederum erfordert Zeit, und die meisten Mitarbeiter, die man in Executive-Positionen erlebt, leben so sehr am Limit, dass sie gar keine Zeit mehr finden, um überhaupt irgendwas abzuwägen oder zu bedenken.

Es geht nur noch um das Gehetze und Gejage durch den Terminkalender, Deadlines, Redaktionsschlüsse, Fristen, Flugzeiten, Konferenzen und Termine. Hauptsache, das Pensum wird abgearbeitet und sieht nach viel Arbeit aus – inhaltlich fragt eh keiner nach.

Allein schon diese Uhrzeiten, die ich manchmal den nächtlichen E-Mails Anderer entnehme ... früh um fünf Terminierung der Pressekonferenz, Sonntagnacht um zwei Uhr Übermittlung eines zu redigierenden Interviews, Freitagabend um 23 Uhr Eingang des Klageentwurfes. Soll ich *stante pede* darauf antworten? Muss ich dabei mitmachen, wenn mir einer das Wochenende versauen will? Und muss ich mich dafür schlecht fühlen, dass ich in den Federn kuschele, wenn andere zu solchen Unzeiten noch am Rad drehen und perfide Forderungen formulieren? Feierabend ist schon lange klammheimlich abgeschafft worden.

Und auch bei mir ist das automatische »JA, diese eine E-Mail lese ich noch schnell« schon zum Reflex geworden.

24 Stunden an sieben Tagen die Woche im Einsatz zu sein, ist auf schleichende Weise im Topmanagement zur Norm geworden.

Und das zieht sich auch in tiefere Schichten von Unternehmen: Vorgesetzte gehen davon aus, dass kein Angestellter ihnen und ihren Forderungen widerspricht, und die Reaktionen auf alle Wünsche, Aufträge und Zusatzleistungen immer ein untergebenes »JA, natürlich« sein wird.

Solange das Personal gestresst über die Flure hetzt und überlastet ist, sieht es ja auch nach Produktivität aus.

Gibt einem ja auch manchmal einen regelrechten Adrenalinkick, dem Drängen Anderer nachzugeben und sich allseits beliebt zu machen, indem man dem Gegenüber das wohltuende Gefühl einer Zusage gönnt. Wir sind doch heute im allgemeinen Berufsalltag schon high, nur weil wir konstant am Rennen, Hetzen und Umherjagen sind. Das Adrenalin wird am Kochen gehalten, also vermittelt uns das Hirn: *busy, busy,* ich bin sooo produktiv!

Viele halten Aktivität nämlich für Produktivität und fragen sich automatisch: »Was muss ich als nächstes schaffen?« Anstatt zu fragen: »Wozu mache ich das hier eigentlich?«

Das dauerhafte JA zu allem vermittelt uns das Gefühl, positiv gestimmt zu sein, vermeidet Konflikt und braucht wesentlich weniger Zeit, als einmal richtig innezuhalten und zu reflektieren, was tatsächlich sinnvoll wäre. Wie wundersamerweise schon Ghandi sagte:

»Ein NEIN aus tiefster Überzeugung ist besser und wirksamer als ein JA, das nur daraus besteht, gefallen zu wollen oder geliebt zu werden; oder, was noch schlimmer ist, um Schwierigkeiten zu vermeiden«

Tja, Ghandi wusste eben schon immer, wie's geht. Der Spruch hätte aber natürlich auch vom Dalai Lama stammen können. Oder von mir!

9
NEIN zum Chaos –
JA zum Leben
oder
Warum NEIN das neue JA ist

In einer Welt grenzenloser Möglichkeiten, unendlichen Informationsaustausches und permanenter Nachrichtenübermittlung werden wir unaufhörlich davon getrieben, immer den Aufgaben hinterher zu hetzen, denen wir den größten Wert beimessen. Was aber sind unsere eigentlichen Prioritäten? Was ist wirklich wichtig, und was scheint nur auf den ersten Blick so? Bringt uns eine Lebensphilosophie, die aus *Post, Post, Post* besteht, persönlich voran? Existiert diese Welt, die sich auf Bildschirmen und in Foren entfaltet, wirklich?

Ein cooles Insta-Bitch-Foto zu posten zum Beispiel ist offenbar für viele ganz essentiell. Schauen, wie viele Likes man zum letzten Post erhalten hat, wird zum Gradmesser für das Selbstbewusstsein. Was nicht im Netz stattfindet, existiert nicht!

Diese To-Do-Hitliste, die wir uns persönlich zusammengestellt haben, bedeutet natürlich auch, dass wir darüber entscheiden, welche Aufgaben warten dürfen. Damit wir Zeit für anderes haben. Zum Beispiel, um ein gutes Buch zu lesen. Einen Abend alleine zu verbringen. Dinge zu tun, die sich kulturell verlieren. Was wird aus meinem Kaffeeklatsch, dem Stickkreis, dem Klöppelverein und meiner

Mundharmonikatruppe? Haben Dinge, die im Verborgenen blühen, in Zukunft überhaupt noch einen Wert? Um überhaupt eine eigene Prioritätenliste zu erstellen, müssen wir immer wieder Abstand von der uns umgebenden Hektik finden. Von alleine tritt jedenfalls keine Ruhe mehr ein. Man muss sich ja in der Verwandtschaft bereits Vorwürfe anhören, wenn man mal zwei Stunden nicht online war. Auf nichtbeantwortete Facebook-Kommentare folgt am Ende noch ein Shitstorm. Da bin ich plötzlich eine »arrogante Ziege«, wenn ich mich nicht brav für Komplimente bedanke. Es gilt quasi schon als Hochverrat, nicht erreichbar zu sein, nicht umgehend auf Messenger- und Whatsapp-Nachrichten zu reagieren. Aber wie sollen wir das sich permanent anhäufende Chaos überhaupt sondieren, wenn wir nicht pausieren dürfen? Es gibt ja keinen Feierabend mehr! Nach getaner Arbeit heißt es *socializen,* teilnehmen an Veranstaltungen, Kursen, Weiterbildung, alternativ auch Akquise betreiben, Kundenpflege, Partnerbörsen abarbeiten, schauen was sich bei Friendscout und Tinder so tut, und eingekauft wurde auch noch nicht. Wer putzt hier eigentlich? Wann ziehe ich mal wieder die Betten ab? Die Bügelwäsche häuft sich bis unter die Decke. Und Kuchenbacken soll ich auch noch. Dabei muss ich dringend ins Nagelstudio. Hilfe! Was jetzt zuerst? Wo fange ich an in all dem Chaos?

Es ist vollkommen aus der Mode gekommen, sich entspannt zurückzulehnen und einfach mal zu verzichten. Man kann Dinge schließlich auch absagen, abschaffen, *deleten,* löschen. Zum Beispiel eine Woche mal nicht den Fernseher einschalten.

Muss ich mir wirklich einen Hund kaufen, mein eigenes Gemüse anbauen, nebenbei eine alte Scheune ausbauen, jedes Wochenende nach Mallorca düsen, die Steuer selbst machen, diese Schuhe kaufen, nur damit die nette Verkäuferin nicht enttäuscht ist, und am Wochenende mein Bad selbst kacheln?

Freiräume, Pausen und Unterbrechungen brauchen wir, um uns zu sammeln, um uns zu erneuern, den Motor aufzutanken und bewusst unseren Kurs zu korrigieren, der uns nämlich auf diese Weise unerwartete und dringend benötigte Reserven bereithalten wird, wenn wir uns wieder erneut ins Hamsterrad stürzen.

Auch hier empfehle ich Ihnen ein paar einfache Übungen, die Ihnen ein besser strukturiertes Leben verschaffen, ohne dass Sie dafür auch nur irgendetwas bezahlen, buchen, mieten, kaufen oder unterschreiben müssen. Ja, Sie müssen nicht mal etwas liken, geschweige denn online sein! Sie können alleine, nur mit dem Kalender in der Hand, sicherstellen, dass das, was man Lebensqualität und Balance nennt, Teil Ihres Lebens wird.

Ich lebe seit Jahrzehnten auf diese Weise, und weil es ein Ritual geworden ist, kostet es mich inzwischen keinerlei Energie mehr, meine vielfältigen Abläufe, Aufgaben und Termine zu koordinieren. Sobald Dinge zur Routine werden, gehen sie in Fleisch und Blut über und werden zu einer Selbstverständlichkeit, die keine Kraft mehr kostet.

Es mag abgedroschen klingen, aber ich bin noch immer ganz *old school* eine Verfechterin von Listen. Und mein größtes Erfolgsgeheimnis besteht aus zwei unterschiedlichen Textmarkerfarben: Pink und Grün. (Okay, das Ganze funktioniert auch in Blau-Gelb). Alles was dringend ist und pressiert, wird pink markiert – alles was wichtig ist, grün.

Wenn es nämlich dringend ist, muss es auf der Stelle erledigt werden – das bedeutet sofortiges Handeln, Umsetzung, Bearbeitung. Wenn es »nur« wichtig ist, kann es noch ein, zwei Tage warten beziehungsweise existiert dafür ein minimaler Zeitaufschub.

Diese Einteilung meiner bevorstehenden Woche mache ich jeden Sonntag! Auf diese Weise kontrolliert mich mein eigenes Über-Ich.

So baue ich mir beispielsweise raffinierte Pufferzonen ein. Meine Freizeiten, die ich mir nur für Müßiggang und Brainstorming reserviere, haben Prioritätsstufe 1. Solche Freistunden sind ebenso wichtig wie Abgabetermine oder meine Tourpläne.

Das jüngste Ritual, das ich in das logistische Meisterwerk meiner effizienten Lebensplanung integriert habe, ist das Wertvollste von allen. Es lautet: *Ab 20 Uhr abends und an Wochenenden komplett offline sein.*

Jeder, der zu solchen unzivilisierten Zeiten Termine, Geschäfte, Rückfragen abzuarbeiten gedenkt, ist zutiefst desorganisiert und ein Amateur. Ein wild um sich schlagendes Ungeheuer, welches das eigene Chaos, in dem er unterzugehen droht, bei anderen abládt! Und das geht ja mal wirklich gar nicht! Entwürfe von Anwaltsschreiben, die um 23 Uhr eingehen ... Manuskripte nach Mitternacht ... Flugbuchungen für den nächsten Tag um 21 Uhr ... NEIN. Bei mir ist um 20 Uhr Zapfenstreich. Nennen Sie es altmodisch, aber das ist mir lieber als ein Nervenbündel zu sein, für die das iPhone zur eigenen Nabelschnur geworden ist.

Und so ziemlich das empfehlenswerteste und gesündeste überhaupt sind die 20 Minuten am Ende des Abends, in denen ich reflektiere, was der Tag als solcher gebracht hat, und was die wichtigsten Aufgaben für den kommenden Tag sind.

Meine Prioritäten müssen jederzeit klar sein. Dies hilft mir nicht nur dabei, fokussiert zu bleiben angesichts zahlloser Ablenkungen und unvorhergesehener Ereignisse, die täglich über mich hereinbrechen – meine Prioritäten sind außerdem auch nicht verhandelbar.

Mein Arbeitstag beginnt damit, dass ich das Allerschwerste, das Unangenehmste, das Komplizierteste gleich als erstes frühmorgens erledige. Gestärkt von einem gesunden und entspannten Frühstück, bevor hier all die Knallköppe anrufen. Ich sage JA zu meinen morgendlichen Mußestunden und NEIN zu allen anderen Alternativen! Wenn in deutschen Büros die Server angeschmissen werden, dann geht bei mir die Tür zu, das Telefon aus, der Computer offline – und nun ran an die Bouletten!

Mit Tunnelblick wird in 90 Minuten dieses eine Projekt vorangetrieben, sei es ein Buchkapitel, eine neue Oper, die Steuererklärung, das Bewerbungsschreiben, der nächste Prozess vorm Menschenrechtsministerium, die nächste Gesetzesänderung bei der UNO oder die Brustoperation. Raus aus der *comfort zone* und dann den Rest des Tages von Ballast befreit sein.

Wenn man damit durch ist, gibt's Kaffee und ein Leckerli, was auch immer das Herz erfreut. Das ist wie in der Hundeschule.

In diesen konzentrierten Arbeitszeitraum fallen komplizierte Telefonate, juristische Verfahren und Bittstelleranrufe bei potentiellen Kunden und Producern ebenso wie Beschwerden bei Ämtern und Institutionen, die mal wieder ordentlich zusammengeschissen werden wollen.

Wie die Telekom zum Beispiel. Oder mein Stromanbieter. Air Berlin, die mich um meine Meilen und um Geld beschissen haben. Filmprojekte, denen das Geld ausgegangen ist, und die Konkurs anmelden, ohne die Protagonisten auszuzahlen. Mieter, die nicht zahlen. Räumungsklagen, Immobilienprozesse. Rückständige Gläubiger, Veranstalter mit schlechter Zahlungsmoral, Redakteure, die Mist gebaut haben und Journaille, die nicht Wort hält. Anwälte, die Anwälte brauchen um kontrolliert zu werden. Ehemänner, die lügen und betrügen und ein Doppelleben führen, ganz bequem und routiniert. Alimenteklagen. Scheißväter! Das volle Programm eben.

Bevor es 12 schlägt, bin ich auf diese Weise schon eine Menge Ballast losgeworden, ehe der eigentliche Tag überhaupt ins Rollen kommt. Ich lebe mit dem guten Gefühl, etwas geschafft zu haben, bevor ich das Haus verlasse, und das ist ein wahrer Energiebooster.

Es ist tausendmal effektiver, Unangenehmes sofort zu erledigen, als es den ganzen Tag vor sich herzuschieben und Probleme auf den frühen Abend zu vertagen.

Noch ein Wort zur optimalen Einteilung eines konstruktiven Tages:

Käffchen am frühen Morgen? Immer JA! Lunchbreak außerhalb des Büros? Selbstredend JA! Kaffeepause am Nachmittag? Auf jeden Fall JA! Diese Momente bilden ganz wichtige Eckpfeiler, die dafür sorgen, dass die Energie im Laufe des Tages nicht versiegt und man wesentlich mehr schafft, als am frühen Nachmittag ausgepowert zusammenzuklappen. Solange es noch kein Wodka ist, stehe ich doch gut im Saft!

Ein Ausfallenlassen dieser festgelegten Breaks? Ein ganz klares NEIN! Vielleicht nutzen wir den Lunchbreak zum Wimpernkleben, für die Maniküre, den Zahnarzt, Botox oder Wäscheeinkäufe, egal, die Zeiten, die uns gehören, sind und bleiben unantastbar und sind wirklich der beste Einstieg, um das deutliche und unumstößliche NEIN einzuüben!

Denn wir brauchen genau diese *Timeout*-Zonen und Ruhemomente, um uns zu fragen: Habe ich heute das hingekriegt, was ich mir vorgenommen habe? Welches Pensum liegt diese Woche noch vor mir?

Und all diese Planung steckt hinter der Notwendigkeit, zu so vielem und so oft wie möglich NEIN zu sagen, um letztlich als Sieger des Tages hervorzugehen.

NEIN ist das neue JA! Charmant und unwiderstehlich NEIN zu sagen, ist das Geheimnis der erfolgreichsten Menschen der Welt!

Darum sollten wir alle nicht nur NEIN sagen, wir sollten es zelebrieren!

10
Warum NEIN eine rundum positive Sache ist
oder
Räumt gefälligst eure Schränke auf!

Man glaubt es vielleicht nicht, aber mit jeder Kleinigkeit, die man sich vom Halse hält, wird das Leben ein großes Stück besser!

Wenn man nämlich die Ärmel hochkrempelt, weil man sich vorgenommen hat, heute endlich die Socken in der Kommode zu ordnen, hübsch überschaubar und nach einem effizienten System, hat man produktiv einen entscheidenden Schritt getan. Man verschafft sich nämlich Überblick. Nichts ist, wie es bleibt, und schon gar nicht das Innenleben unserer Schränke. Veränderungen können nur von innen nach außen stattfinden.

Man mag sich wundern, was die innere Ordnung in Omas alter Kommode letztlich bezwecken soll. Wie verändern farblich sortierte Socken und T-Shirts mein Leben? Ganz einfach: Die Vorteile einer aufgeräumten Schublade lassen sich auf alle Bereiche des Lebens übertragen. Die innere Ordnung hat nämlich Folgen: Nicht nur, dass die hübsch sortierte und ordentlich präsentierte Sockenschublade einen guten Eindruck macht. Nein, sie bringt zahllose Vorteile mit sich, die weiter reichen als man oberflächlich betrachtet ahnt:

Erstens spart man Zeit! Kein Suchen mehr, kein Chaos, in dem die vermeintlich passende zweite Socke für immer verschwunden bleibt.

Zweitens behalten wir im Kleinen die Kontrolle, was sich dann auch aufs große Ganze auswirkt. Oft weitet sich das allgemeine Chaos nämlich schon dadurch aus, dass man an den kleinen Dingen scheitert. Zum Beispiel indem man sich sagt:»Scheiß drauf«, das lahme »egal« zum Standard erhebt und mit den falschen Strümpfen durchs Leben taumelt. Innerlich beruhigt man sich damit, dass es doch eh keiner merkt (»egal!«), aber Achtung: Diese an sich nur kleine Unordentlichkeit ist ein schleichendes Gift – und lässt Rückschlüsse auf unser tieferliegendes Chaos zu.

Drittens spart es uns Geld, denn in dem Wahnsinnschaos der unsortierten Sockenschublade verschwinden jede Menge kostbarer Socken in den hinteren Untiefen der Schublade, traurig verkrumpelt, auf ewig. Vom Chaos verschluckt, verschlungen von einem schwarzen Loch, das sich Sockenschublade nennt. Wir haben diesem Ort die Teile anvertraut, die uns durchs Leben tragen, die uns Wärme spenden und manch modisches Augenzwinkern erlauben, und was passiert? Drauf geschissen!

Unser Mangel an Sorgfalt führt dazu, dass wir Socken, Geld und Zeit verschwenden, dass Dinge spurlos verschwinden, wir komplett den Überblick verlieren, kurz: außer Kontrolle geraten! Wer nicht mal den Überblick über seine Sockenschublade behalten kann, wird auch größere Aufgaben kaum meistern. Denn wie will er dann die noch schwerer überschaubaren Bereiche seines komplexen Lebens kontrollieren?

Daher lautet mein Appell: Leute, fangt an aufzuräumen! Die Sockenschublade ist die perfekte Metapher für unser Leben. Nachdem ich meine Schubladen neu organisiert habe, hat sich bei mir eine völlig neue Lebensphilosophie eingestellt.

Ich hatte ja eigentlich mit dem Aufräumen angefangen, weil sich in den Untiefen meiner Schränke die erstaunlichsten Spuren der Vergangenheit angesammelt hatten. Fast wie in meiner Lieblingshandtasche, nur schlimmer: uralte, ausgeleierte Strapsgürtel, einzelne Netzstrümpfe, gehäkelte Babysocken, durchlöcherte Skisocken, eingelaufene Footies, selbstgestrickte Reliquien, die als Erinnerung an eine Hüttenweihnacht in Finnland eine rein ideelle Kostbarkeit sind.

Wehe aber, wenn in der Eile eines Montagmorgens das Pendant zu der genau passenden Socke gesucht werden musste ... ich sag nur: Frust pur!

Vor einigen Jahren stand ganz oben auf der Liste meiner guten Vorsätze: *Sockenschublade durchsortieren und ausmisten.* Das entpuppte sich als Anfang eines neuen Lebensgefühls.

Ich achte seitdem penibel darauf, wie es um das Innenleben meiner Schränke steht. Weil ich ganz *en passant* auch bemerkt habe, dass man Klamotten und Accessoires vergisst(!), wenn man nicht den Überblick behält. Seit ich akkurate Ordnung in den Schränken halte, bin ich tatsächlich dieses »Ich hab nichts anzuziehen«-Syndrom losgeworden! Weil wir Kleinigkeiten wie Gürtel, Tücher, Schals,

Jäckchen, Strickjacken, Blüschen, etcetera pp viel zu leicht übersehen und vergessen, was wir überhaupt besitzen, wenn alles ungeordnet gestapelt und lieblos in den Schrank gepfercht wird.

Wer ordentlich aussortiert, gewinnt Raum und Hirnkapazitäten für Dinge, um die es einem wirklich geht.

Nach Neustrukturierung meiner Sockenschublade, der Schränke und Kommoden, machte ich mich über mein Geschirr her, die Küchenutensilien und die Gewürzschubladen. Und ich sage Ihnen: Beim Archivieren macht man ja die abenteuerlichsten Entdeckungen!

Vieles hatte ich doppelt angeschafft, dreimal Kümmel, vier Versionen Pfeffer, Kichererbsen in fünffacher Ausführung, Lorbeerblättertütchen bis ans Ende meines Lebens. Auch hier hieß es: Selektieren, verschenken, weggeben, das Wesentliche ordnen und Ballast abwerfen.

Denn wenn das Innenleben stimmt, überträgt sich das auch auf das äußere Bild.

Das große Finale schließlich erfolgte per Neustrukturierung meiner Schminkutensilien. Die Inventur meiner Lippenstifte, Lidschatten, Pencils, Rougetiegel, Wimperntuschen, Gloss und Applikatoren, Camouflage und Pailletten ergab, dass ich als Beauty-Case einen Großraum-Schrankkoffer brauche.

Um alles – Schminksachen ebenso wie die tausend anderen Dinge, die man in seiner Wohnung hortet – fein säuberlich und professionell zu sortieren, habe ich mir sogar neue Möbelstücke angeschafft. Das war mir mein aufgeräumtes Leben wert! Kommoden mit vielen kleinen Schubladen, Tische mit Unterbau, Vitrinen wie in einer Hochglanz-Douglasfiliale. Jetzt genügt ein Handgriff, und der Tag hat gefühlt doppelt so viele Stunden, weil in meinem Leben absolut nichts mehr gesucht werden muss.

Ich habe innerlich massiv NEIN zum Chaos gesagt.

Sorgfalt besonders in Kleinigkeiten ist ein echter Energiebooster! Räumt einfach richtig auf, Leute, ihr ahnt ja gar nicht, was das bewirken kann.

Alles, was man eh nur halbherzig übernimmt, kann sowieso kein Erfolg werden.

Ebenso kann man auch Ordnung in seine Freundesliste bringen.

Um Beziehungen zu ruinieren, muss man nur zu allem JA und Amen sagen. Die Zustimmung ist oftmals gar keine Großzügigkeit oder Gnade, sondern in Wahrheit Desinteresse am Partner und der Familie.

Alles wird abgenickt, um bloß in Ruhe gelassen zu werden ... »egal!« halt, so wie die Scheißsockenpaare ... ob das nun dunkelblau oder schwarz ist, merkt doch eh keine Sau. Falsch!

Es geht um die Frage nach der inneren Haltung. Entscheide ich mich *für* Korrektheit? Oder entscheide ich mich *gegen* Korrektheit? Sage ich JA zum Chaos? Oder sage ich NEIN zum Chaos? Das NEIN zum Chaos ist eine rundum positive Sache. Ein JA-Junkie verliert in allen Bereichen des Lebens viel schneller den Überblick als ein NEIN-Sager!

Beim korrekten Innenleben unserer Schränke geht es um eine prinzipielle Haltung. Und die strahlt ab auf unser gesamtes Leben.

Ich garantiere euch: Fangt mit eurer Sockenschublade an, sortiert dann eure Unterwäsche, arbeitet euch von innen nach außen vor – diese »Therapie« wird euer ganzes Leben verändern.

Sagt NEIN zu allem, was euch die Kontrolle raubt! Gebt das Ruder nicht aus der Hand.

Bei einem leidenschaftslosen Engagement kommt entweder gar nichts raus, oder am Ende nur ein unbefriedigendes Ergebnis. Wer zum Beispiel beim Nachbarn während der Sommerferien die häusliche Blumenpflege übernimmt und die Topfpflanzen hegen und pflegen soll, aber darauf absolut keinen Bock hat, der wird kaum ein Ergebnis liefern, auf dass er oder sie stolz sein kann. Ist mir auch schon passiert. Gut, der Nachbar holt meine Post aus dem Kasten bei längerer Abwesenheit, also revanchiere ich mich wenig enthusiastisch und tue ihm den Gefallen, seine Orchideen und die Sonnenblumen, die Farne und die Stechpalme zu versorgen, wenn er vier Wochen mit dem Wohnmobil an der Ostsee unterwegs ist. Bei mir endete es damit, dass ich nach vier Wochen ganze Batterien neuer Blumentöpfe kaufte und einfach alles austauschte, weil sämtliche Pflanzen und Gewächse eingegangen waren. Vielleicht lag es daran, dass keiner in der Wohnung war? Vielleicht habe ich anders gegossen als der Besitzer? Gut habe ich es gemeint, sehr gut sogar. Zuviel gegossen, falsch gegossen, unregelmäßig gegossen, zu warm oder zu kalt? Egal, es sah auf jeden Fall jämmerlich aus, was da zunehmend vor sich hin gammelte. Egal was ich – zugegeben, mit wenig Enthusiasmus – versuchte, es wollte mir einfach nicht gelingen, den Zustand der mir überlassenen Farne und Sonnenblumen aufrecht zu erhalten. Nach und nach beging jede einzelne Phalaenopsis Selbstmord. Ich gelangte also zu der Erkenntnis, das widerwillig geleistete Unterstützung in eine Sackgasse führt. Man betrügt sich und andere damit nur selbst!

Denn jedes Mal, wenn man etwas verspricht, was man nicht einhalten oder liefern kann, baut man sich selbst eine Falle, in die man früher oder später hineinstolpern wird. Die Ironie an der Sache ist: Während man sich doch unbedingt überall beliebt machen möchte, den Nachbarn unterstützen und bei den Freunden als Vorbild für Hilfsbereitschaft gelten will, steht man am Ende als unzuverlässig, unverantwortlich und nachlässig da. Begeistern wird man mit einem halbherzigen JA jedenfalls niemanden. Okay, dieser Großeinkauf im Blumenmarkt hat die mickrigen Resultate meiner vorgeschobenen Fürsorge zum Glück schnell vergessen gemacht, aber es war ein Notnagel für mich, ein Ausweg, um nicht das Gesicht zu verlieren.

Ich habe auch ganz offen Farbe bekannt. Denn natürlich hat der Nachbar die eigenen Blumen nicht wiedererkannt. Und ich wäre vielleicht damit durchgekommen, dass ich alle Pflanzen hochgezüchtet und zum Sprießen gebracht habe. Aber die Komplimente für etwas einheimsen, was mir nicht zustand, wollte ich auf keinen Fall. Das hätte ja auch nur zur Folge gehabt, dass man mich beim nächsten Urlaub wieder gebeten hätte, meinen »grünen Daumen« walten zu lassen. So jedoch wurde meine moralische Verpflichtung, den Schaden auszugleichen, honoriert und mein Nachbar wird sich nächstes Mal nach einer anderen, beseelteren Gärtnerin umsehen.

Man kann an den kleinsten Dingen scheitern, wenn man nicht bei der Sache ist. Oder nicht den Mumm hat, an der richtigen Stelle NEIN zu sagen.

Wer zu den falschen Dingen JA sagt, tut niemandem einen Gefallen. Und zudem nimmt das unglaubwürdige JA wichtigeren Angelegenheiten den Raum zur Entfaltung. Es geht schließlich um Kapazitäten, um die Verwaltung von Ressourcen: Der Tag hat nur 24 Stunden!

Früher wollte die Werbung an unser Portemonnaie, heute raubt sie uns nicht nur die persönlichen Daten, sondern vor allem die Zeit: Sämtliche Verlockungen werden von Online-Piraten gesteuert, die nicht nur unsere Kreditkartennummer, sondern vor allem unsere Zeit stehlen wollen.

Gib mir deine Zeit, dann gib mir deine Kontodaten, gib mir deine Rechte am Bild und deinen Texten, an deinen Klicks und deinen Likes, so wirst du für mich zur Handelsware ... dafür kriegst du das Versprechen, glücklich zu werden, wenn du nur die richtigen Sachen bestellst! Und wir sagen dir, was du willst, wir wissen es eh besser als du ... oh, *fuck off!*

Nur weil man sich durch den Druck anderer animiert fühlt, Angebote nicht abzulehnen, opfert man seine Zeit und raubt sie im Gegenzuge all jenen, die einem wirklich am Herzen liegen sollten – seien es Menschen oder Projekte. Sei es die wertvolle Zeit mit Kindern und Familie, seien es gute Filme oder Serien, der Garten, Ausflüge, die Fettdepots, die Katzen oder der ehrenamtliche Dienst bei einer Krisenhotline.

Wer überall vernetzt ist, jeden ein bisschen unterstützt, dort einen Kanal betreibt und auf allen Portalen mitmischt, hat ein hohes Ziel: die große Utopie, überall beliebt, nett, geachtet und begehrt zu sein. Welch eine Illusion!

Die neue Währung heißt Likes! Ein dickes, fettes *»Yeaaaah, I like«* ist das höchste Kompliment, das man heute, verziert mit fünfzehn Emojis und Ausrufezeichen natürlich, spenden kann.

Follower, Klicks und Likes – die zählen mehr als bare Münze. Und was millionenfach geliked wird, das wird am Ende gar zu *breaking news.*

Doch es ist ein Trugschluss: In jedem photoshop- und filterverdienten Like steckt ein NEIN zu den spirituellen Dingen, zu Wahrhaftigkeit und zu den Energien, die man persönliche Aura nennt. Deswegen hockt so manche YouTuberin dann wie ein graues Häufchen Elend mit krummem Rücken auf einer Bühne und vermag weder zu leuchten, noch zu strahlen, noch zu faszinieren. Ach, die Aura, wo bleibt sie bloß in der digitalen Welt?

Drastische Umstände erfordern drastische Maßnahmen! Wir müssen Zeit für uns selbst regelrecht erkämpfen, erstreiten, ergattern. Sie ist ein Gut geworden, welches man uns rauben will wie eine Schatzkiste in der Karibik.

Hier ein Beispiel: Ich brauchte dringend eine Auszeit vom stressigen Berufsalltag, all der Hetze, den vielen Reisen, Verpflichtungen und spontanen Aufgaben. Also nahm ich mir einen Tag frei, um zu Hause runterzukommen und zu entspannen, vielleicht Ostereier zu bemalen oder kurz vor Pfingsten endlich mal den Weihnachtsbaum abzubauen. Dazwischen ein gutes Buch und schnell zum Brazilian Waxing, der Damenbart musste runter. Das war als mein Tagespensum geplant. Ich hatte schon vor Langem beschlossen, dass dieser Tag ausnahmsweise wirklich nur mir selbst gehören würde. Keine Shopping Mall, kein Mittagessen mit Freundinnen, keine Anrufe von Mitarbeitern, nein, heute ist Schicht im Schacht.

Vom Bus aus sieht mich dann natürlich, verflixt, die eigene Mutter am Currywurststand stehen. Und das, wo ich ihr nicht mitgeteilt hab, dass ich mir mitten in der Woche einen freien Tag genehmige. Obwohl meine Mutter mir doch schon seit Wochen dringend die Fotos von sich und ihren Kaffeetanten von der gemeinsamen Butterfahrt nach Usedom zeigen will. Also stehen Vorhaltungen an, was denn eigentlich mit mir los sei. Diese Heimlichkeiten! Weshalb ich mich abschotten würde? Und das vor der 82-jährigen Mutter, die sich über jeden Anruf freut! Wer weiß, wie lange man sie noch hat ...

Okay, hätte ich meinen freien Tag in die Welt hinausposaunt, wäre mir genau der Freiraum flöten gegangen, den ich so dringend für mich selbst gebraucht habe. Ich hätte ansonsten Oma zum Augenarzt fahren sollen, früh um acht die Handwerker beim Nachbarn reinlassen müssen und am Abend mit den vernachlässigten Freundinnen ins Kino gesollt. Ganz ehrlich? NEEEEEIIIIN! Hiiilfe! Ich habe mir frei genommen, weil ich es brauche ... das ist das wichtigste Motiv der Welt!

Schlechtes Gewissen? Angst, dass dieser Akt der Selbstfürsorge als egozentrisch verstanden werden kann? So ein Quatsch! Sie dürfen doch wohl selbst entscheiden, wo Ihre Grenzen der Belastbarkeit sind, und wenn einmal im Monat Wellness und Sauna Ihr heimlicher Jungbrunnen sind, dann müssen Sie diese Quelle schützen. Und Sie müssen auch gar nicht ins Detail gehen, wenn Sie nicht wollen. Das alles machen Sie ja, damit Sie noch viele Jahre Oma zum Augenarzt fahren und Fotos von Usedom sortieren können ... Es ist also nur zum Guten, wenn wir uns an die erste Stelle stellen.

»Liebe Deinen Nächsten wie Dich selbst«, wir alle kennen es, aber selten machen wir uns bewusst, dass es nicht etwa heißt »Liebe Deinen Nächsten mehr als Dich selbst.« Das verlangt nicht mal der liebe Gott von uns!

Wo nämlich unsere Substanz auf dem Spiel steht, da heißt es, an uns selbst denken, um überhaupt etwas übrig zu haben, was man anderen geben und schenken kann. Wer ausgelaugt und ausgepowert Raubbau an sich selbst betreibt, hat einfach nichts mehr übrig, nichts zu geben, zu verschenken. Er wird auch glanzlos für Andere.

Warum also dieses schlechte Gewissen? Ist es Zeitverschwendung, durch den Park zu schlendern, sich ein Plätzchen in der Sonne zu suchen um in den Wolkenbildern nach Symbolen zu suchen und einfach mal sein Innerstes zur Ruhe kommen zu lassen? Ich finde nicht, denn das ist Nahrung für die Seele, genauso wie mit alten Freunden in Erinnerungen zu schwelgen. Andere sollten nicht darüber entscheiden dürfen, wie wertvoll meine Zeit ist.

Vielleicht hat es ja allerhöchste Priorität für mich, Bilderalben anzusehen und mit der Nagelschere die Köpfe verschmähter Affären herauszuschneiden? Das ist optimal investierte Zeit, wenn es mich dazu bringt, dass es mir besser geht.

Sagen Sie doch einfach mal oberflächliche Verpflichtungen, die warten können, ab, um endlich das zu tun, worauf Sie schon lange Lust haben: Fahrradfahren. Fotos einscannen. Das alte Schlagzeug zusammenbauen. Eine Pudelmesse besuchen. Ein Kissen besticken. Einen Oldtimer restaurieren. Die Garage ausmisten. Ein Hammam besuchen. Schlendern Sie durch ein Museum. Pfeifen Sie sich in der Konditorei ein Stück Torte rein. Werfen Sie eine Frisbee. Wenn Sie sich danach besser fühlen, war es 100 % optimal investierte Zeit.

Leider ist ausgerechnet das unüberlegte JA etwas, mit dem wir viel zu verschwenderisch umgehen. Okay, nicht *jedes* JA ist falsch, aber bedenken Sie: Ein gesundes NEIN ist auch immer ein JA zu uns selbst.

Wer hat uns eigentlich diese Schuldgefühle eingepflanzt, wenn es um die eigenen Bedürfnisse geht? Da wird geschuftet und gehetzt, gearbeitet und abgeliefert, und dann gibt es nicht mal ein Stück Schokolade! Weil Zucker ja verboten ist.

Aber dann in Italien und Frankreich das *savoir vivre* suchen und sich im Urlaub auf Jamaika die Rastazöpfe einflechten lassen, um den Frohsinn und die Lebensfreude anderer Kulturen aufzugreifen.

Bitte Leute, seid es euch wert, das tun zu dürfen, was ihr wirklich mit eurem Leben machen wollt! Den Freiraum dafür findet ihr, wenn ihr keine Zeit mehr vor eurer Sockenschublade verschwendet.

Wer sich ans Aufräumen gewöhnt hat, wer sich nicht mehr mit der Verschwendung seiner Kapazitäten aufhält, der behält den Überblick und gewinnt Kontrolle über sein eigenes Leben.

Das ist das perfekte Anti-Messie-Programm. Oh Gott, wie ich Messies hasse! Ich verachte sie, tut mir leid, aber es gibt Menschen, mit denen komme ich einfach nicht auf einen gemeinsamen Nenner! Wenn ich nur dran denke, rege ich mich so sehr darüber auf, das ich umgehend meine Hausapotheke durchsortieren und neu ordnen muss.

Was man nicht alles findet, wenn man nur mal in die Ecken geht … Letztens stieß ich in meinem Nachttisch auf Kondome, deren Verfallsdatum längst abgelaufen ist!

Wir müssen einfach mehr aufräumen. Dann regelt sich auch alles andere.

Sich Zeit für sich und seine Schubladen zu nehmen ist kein Luxus! Es ist eine dringende Notwendigkeit.

11
NEIN zu falschen Entscheidungen
oder
Wie man alles mit Links macht

Wie oft ertappen wir uns dabei, dass wir Dinge tun, die wir gar nicht wollen, am besten noch in Gesellschaft von Menschen, an denen uns nichts liegt?

Wenn das ehrliche NEIN aus Überzeugung eine angenehme Selbstverständlichkeit geworden ist, stellt sich automatisch eine andere Lebensqualität und Zufriedenheit ein. Vergesst das schlechte Gewissen! Allein dank des NEIN-Sagens ändert sich bereits die Liste unserer Prioritäten. Es darf aufgetankt, es darf entspannt werden, es geht um Regeneration unserer Batterien. Und dafür müssen wir keine Erklärungen oder Gründe liefern, seien sie finanziell, emotional, philosophisch, politisch oder sexuell.

Jeder Tag bringt hundert kleine Entscheidungen mit sich, die uns nicht genehm sind. Aber solange *wir* entscheiden dürfen, liegt unser Leben in unserer Hand. Das müssen wir uns immer wieder bewusst machen. Doch jedes Mal, wenn wir Zeit, Energie oder Geld für Dinge verschwenden, für die wir weder Enthusiasmus noch Interesse aufbringen, verlieren wir an Lebensqualität.

Man könnte jetzt sagen, all das sei ein Aufruf zu mehr Egoismus und weniger Teamgeist. Ich höre schon den

Aufschrei der Empörung! Denn enttäuschen wir nicht jedes Mal die Person, der wir eine Absage erteilen, aufs Tiefste? Bürden wir die Mehrarbeit durch unser Veto nicht irgendeinem Sklaven auf, der dann doppelt schuften muss? Denken wir denn nur an uns selbst?

NEIN! Es gibt da noch einen anderen Aspekt: Als Fan der NO-Community halte ich das NEIN nämlich sogar für die einzige Chance, um dem gesamten Team und den Mitarbeitern respektive der Familie einen Riesengefallen zu tun!

Denn in dem Moment, wo niemand mehr – egal ob aus der Familie oder im Beruf – zu sinnlosen und langweiligen Meetings und Anlässen, zu nervigen Verpflichtungen und absehbar öden Veranstaltungen erscheinen würde, würde sich etwas verändern: Irgendwann würde der Groschen fallen und Schwiegermütter, Organisationen, Chefs, buckelige Verwandte, Blutsauger und Nervensägen würden aufhören, uns unbeliebte und ineffektive Aufgaben, Einladungen oder Verantwortungen aufzubürden. Oder Überraschungsbesuche abzustatten.

Der Unterschied zwischen NEIN und JA liegt schließlich auch darin, wie man es serviert. Andauernd abzusagen ist genauso falsch wie sich ständig zum Lakaien für all die anderen zu machen. Komischerweise hat niemand mit der JA-Sagerei ein Problem. Aber ein NEIN abzusondern kann erstaunlich schwierig werden! Die große Herausforderung ist natürlich zu wissen, wann man aufhören muss, NEIN zu sagen und lieber zustimmen sollte.

Ziel ist es ja nicht, das JA endgültig zu eliminieren!

Es geht bei der ganzen Chose hier auch um Feingefühl und Empathie. Werdet mir bitte nicht zum Hammer! Dieses plumpe Gerät kann nichts anderes als draufkloppen und damit seiner Bestimmung nachgehen. Leider hält ein Hammer aus nachvollziehbaren Gründen die ganze Welt für einen Nagel.

Man kann sich seine JAs bewusst klug aufsparen. Und erhöht damit ihren Wert. Wie bei der wohlsortierten Sockenschublade sparen wir eine Menge Zeit, wenn wir gewisse Punkte gar nicht mehr diskutieren und auch nicht vor uns herschieben. Wann also sollte man sein JA großzügig verschenken?

Sagen Sie prinzipiell JA zu Dingen, die Sie

a) eh zu tun haben, weil sie unvermeidbar sind;
b) wirklich wollen, weil Ihnen gerade der Sinn danach steht;
c) sowieso routinemäßig erledigen müssen.

Wie zum Beispiel Steuern zahlen. Das Haus putzen. Haare waschen. Altglas entsorgen. Müll trennen. Früh aufstehen, wenn's denn sein muss. Hausaufgaben machen. Zähneputzen. Miete zahlen. Vorsorgeuntersuchungen.

Das Problem dieses Prinzips ist nur, dass oft nicht klar ist, was eine Notwendigkeit ist. Die Gratwanderung zwischen *müssen, sollen* oder *wollen* ist schmal. Denn genau diese undefinierbare Grauzone ist es, durch die wir uns korrumpieren und ausbeuten lassen. Schlussendlich verliert man die Kontrolle über das, was man soll, will und muss und lebt nur als ferngesteuertes Wesen für die Ziele anderer.

Ein spontanes JA kann jeder Trottel liefern, ein entschiedenes NEIN erfordert Charakter. Mut. Überzeugung. All das braucht ein JA gar nicht. Es ist der Weg des geringsten Widerstandes. Gott sei Dank wird das Verneinen einfacher, umso älter man wird: Ich habe mich inzwischen so trainiert, dass ich mein NEIN schnell und ungeniert serviere.

Wenn man nämlich das NEIN zu lange hinauszögert, läuft man bereits Gefahr, sich doch noch zu einem JA hinreißen zu lassen. Ein schnelles NEIN schlägt dem Gegenüber oft am besten die Waffe aus der Hand. Und wer wirklich stark ist, der nennt nicht mal Gründe.

Ja, das *wollen, sollen* und *müssen* will sortiert sein wie die Schublade mit den Sockenpaaren. Und wenn wir uns die vornehmen, haben wir Prinzipien: Farbe, passendes Gegenstück, Materialien, Muster – klare Regeln. Die brauchen wir auch, wenn wir darüber entscheiden, ob wir müssen, sollen, wollen oder dürfen.

Hier sind meine 5 Tipps, mit denen ich mir Klarheit verschaffe:

1. Bevor ich eine Einladung annehme frage ich mich: »Freue ich mich wirklich darauf oder zwingt man mich dazu?« Wenn ich es kaum erwarten kann, wunderbar! Wenn ich mir nicht sicher bin, höre ich mich um, gehe vielleicht mit einem Kumpel, mit dem ich auf jeden Fall einen lustigen Abend haben werde und verknüpfe die beiden Dinge miteinander. Wenn ich die Schnapsnasen eh alle kenne und mich dort schon mehrfach gelangweilt habe, sage ich höflich, aber bestimmt ab.

2. Wenn sich viele Einladungen, Angebote, Verpflichtungen überschneiden, überlasse ich es meiner Intuition, was am sinnvollsten für mich ist. Yoga oder Brunch? Friseur oder Pilates? Putzen oder Gartenarbeit? Autowaschen oder Nagelstudio? Kuchenbacken oder zwei Stunden cruisen auf Facebook? Wir haben nur 24 Stunden zur Verfügung und niemand kann sich anmaßen,

unsere Freizeit zu verwalten. Lassen Sie das Bauchgefühl entscheiden. Und schließlich gibt es noch Multitasking (manche nennen sowas ja auch »faule Kompromisse«): Gartenarbeit, während der Kuchen backt ... Yoga mit der Haarfarbe auf dem Kopf ... Netflix-Serien schauen, während man auf dem Laufband rennt ... Masken machen, während man in der Badewanne liegt, oder ein Buch lesen, während man Kopfstand macht!

3. Vergessen Sie niemals diese schöne Frage an sich selbst: Wofür hatte ich schon lange keine Zeit mehr? Was habe ich mir versagt, was wollte ich schon lange (mal wieder) tun? Worauf habe ich eigentlich wirklich Lust?

4. Schaffen Sie Momente der Stille für sich und kosten Sie diese aus. Langeweile? Es sind die Augenblicke der Stille, in denen uns kreative Ideen und Antworten in den Schoß fallen! Verschenken Sie großzügig Zeit an die wichtigste Person in ihrem Leben: Sie selbst!

5. Machen Sie sich nicht zum Sklaven Ihrer Verpflichtungen – verpflichten Sie stattdessen Ihren Kalender, Ihnen zu dienen! Die 24 Stunden jedes einzelnen Tages sollten Ihr bester Freund sein. Machen Sie den Faktor Zeit zu einem Verbündeten, der Ihnen zur Seite steht. Ihr neuer Freund wird es Ihnen auf wundersame Weise danken!

Wenn Sie dann bald gefragt werden: »Wie schaffst du das eigentlich alles bloß?«, dann zucken Sie mit den Schultern und hauchen nur: »Mach ich alles mit Links!«
So wird man zum Star!

12
NEIN, NEIN
und nochmals NEIN!
oder
Die Not-to-Do-Liste

»Der Unterschied zwischen erfolgreichen Menschen und sehr erfolgreichen ist, dass sehr erfolgreiche Menschen zu fast allem NEIN gesagt haben.«

Ich liebe dieses Bonmot von Warren Buffet. (Wenn ich es gesagt hätte, würde man es als Kabarett oder Provokation bezeichnen.) Sowas muss man erstmal wirken lassen.

Das ist ja geradezu philosophisch. Und es ist nahezu unmöglich, diesen weisen Rat zu befolgen.

Dabei liegt es eigentlich auf der Hand: Sagt man zu allem JA, was einem im Laufe des Tages angetragen wird, bleibt kein Raum mehr für spontane Eingebungen, und die gesamte Strategie unseres wohlüberlebten Zeitmanagements fällt in sich zusammen.

Um die Zügel in der Hand zu behalten, müssen wir jederzeit die Kontrolle über unsere Prioritätenliste haben, die uns täglich unseren Zielen einen Schritt näherbringt. Jeder einzelne Tag erfordert gründliche Planung unter dem Aspekt einer weiterreichenden Strategie.

Wenn man sich zu sehr festgelegt hat, wird es allerdings unmöglich, spontane Gelegenheiten und Chancen wahrzunehmen, die sich vielleicht bieten. Und das ist ja das hohe Credo, was heute für Persönlichkeitsprofile gilt: Flexibilität!

Klingt toll, hat aber seine Tücken: Flexibilität bedeutet nämlich ein Leben im Dauerspagat ohne feste Planung. Ein raffinierter Begriff aus der Werbebranche, der Scheiße zu Gold machen soll. Der Fallstrick dieser Phrase ist, dass wir auf Zuruf zu funktionieren haben.

Erstmal sollte man sich daran gewöhnen, sich fürs NEIN sagen weder rechtfertigen noch erklären zu müssen. Dem NEIN an sich wohnt doch die Kraft inne, für sich allein zu stehen!

Eine Reihe vieler kleiner NEINs im Alltag kann am Ende in der Summe zu einem JA in einer großen Sache führen. Das klingt paradox, aber einziges gut platziertes Veto bringt Sie oft weiter als die gesamte JA-Sagerei.

Wie einer Zauberformel wohnt dem NEIN eine magische Kraft inne. Wie Tinkerbell schweben wir mit unserem imaginären Zepter durch den Raum, versprühen hie und da unser NEIN und ändern damit definitiv die Dinge. Oder die Welt!

NEIN dient in entscheidenden Momenten dazu, Ablenkungen zu vermeiden und fokussiert zu bleiben, und ermöglicht uns so, Zeit und Talent effektiv zu nutzen.

Auf diese Weise werden Sie
* in Ihren Entscheidungen als Führungsperson akzeptiert werden
* das Ziel im Auge behalten
* körperliche und mentale Energien verwalten
* schneller erkennen, welcher Weg *nicht* funktioniert

* eleganter scheitern
* eine große Lernkurve mitmachen
* zu einem ehrlichen Menschen werden.

Die Mehrzahl aller Leute bejaht einfach prinzipiell alles aus Bequemlichkeit, Gleichgültigkeit, Reflex oder schlechter Angewohnheit. Das automatische JA fällt nicht mal aus gutem Grund, oder weil man eine Sache wirklich will, sondern man stimmt lediglich aus alteingeübter Routine zu.

Das ist so eine eingeimpfte »Darf's ein bisschen mehr sein?«-Mentalität, mit der uns alles Mögliche untergejubelt wird. Wollen wir wirklich noch Schuhputzmittel zu den neuen Boots? Schuhspanner für die neuen Pumps? Haarkur beim Friseur? Packung obenauf? Diddl-Maus extra zu den Tintenpatronen im Schreibwarenladen? Sticker zu den Briefmarken? Etui für die Zigarettenschachtel? Mayo zum Ketchup?

»Die Ketten der Gewohnheit sind anfangs zu leicht, um sie wahrzunehmen, bis sie eines Tages zu schwer sind, um sie zu zerbrechen.« Warren Buffet! Sag ich doch ...

Also bauen Sie vor: Beginnen Sie im ersten Schritt damit, achtsam zu sein, und beobachten Sie sich dabei, ob Sie nicht vielleicht bei den falschen Dingen den Impuls verspüren, ohne nachzudenken JA zu sagen.

Es ist falsch zu glauben, dass NEIN-Sagen aus Ihnen einen schlechten Freund, eine schlechte Mutter, einen miesen Teamplayer oder einen unbeliebten Kollegen machen würde.

Im Gegenteil: NEIN bringt Sie schneller ans Ziel!

Schließlich kann niemand *alles* tun, daher reicht es schon, wenn wir *das Richtige* tun!

Ach ja, ich höre schon die besorgten Rufe:»Aber wie kann ich es denn den anderen antun, diese Einladung abzulehnen?« Nun, die Alternative ist ja wohl, Ihren Freunden mit Unehrlichkeit zu begegnen. Und finden Sie das wirklich erstrebenswerter?

Überlegen Sie, ob etwas Sie Ihren eigenen Zielen näherbringt, ob es Ihnen Freude bereiten würde. Und ob Sie damit wirklich jemanden einen Gefallen tun wollen. Und wenn dem nicht so ist, fackeln Sie nicht lange, sondern formulieren Sie knapp und deutlich:»Danke für das Angebot, aber ich kann leider nicht dabei sein.«

Das ist alles. Verkomplizieren Sie es nicht!

Keine Entschuldigungen oder Ausflüchte, Erklärungen oder Notlügen!»Nein, danke« ist eine Antwort (und noch dazu eine höfliche!), für die sich niemand entschuldigen muss! Und Ihrem JA wird man demnächst umso mehr Gewicht beimessen, da man gelernt hat, Sie ganz persönlich in Ihren Entscheidungen ernst zu nehmen. Ja, das ist der tolle Nebeneffekt: Umso öfter wir NEIN sagen, desto mehr Bedeutung bekommt unser JA!

Wenn eine Angelegenheit, ein Projekt, eine Aufgabe, nicht dazu beiträgt, dass Sie sich auf das, was vor Ihnen liegt, freuen können, dann sagen Sie eben verdammt nochmal NEIN! Denn daraus sollte unser Leben bestehen: Dass wir Dinge nicht als Bürde und Last betrachten, sondern als Energiequelle, die uns Tag für Tag nach vorne trägt. So entsteht automatisch Raum, um zu allen möglichen positiven und nützlichen Dingen JA zu sagen. Am Ende münden die vielen einzelnen NEINs, diese Kette aus Absagen, in ein großes JA – JA zu Ihrem Leben und den Dingen, die Sie glücklich machen und Ihren Zielen näherbringen.

Sie können dann voller Stolz der Welt verkünden:

Leute, dieses wunderschöne Aquarell, das ich gemalt habe, ist fertig geworden, weil ich sechs Monate lang abends zu Hause geblieben bin.

Dieser Band mit meinen Gedichten liegt vor, weil ich bei Rotwein und Kerzenschein meine Abende im Urlaub alleine verbracht habe.

Den Bootsführerschein konnte ich machen, weil ich auf meine Sommerferien verzichtet habe.

Ich spreche fließend Spanisch, weil ich mich statt für eine Kreuzfahrt dafür entschieden habe, im Urlaub in Spanien bei der Weinlese zu arbeiten. Unter Bauern lernt man eine Sprache am schnellsten!

Ich habe als Deckhand auf einer Segelyacht für einen Karibik-Cruise angeheuert und dafür darauf verzichtet, mit den Kumpels auf Mallorca zu feiern.

Als Rucksacktourist bin ich auf eigene Faust durch China gereist und beherrsche nach zwölf Monaten vor Ort die Sprache. Als Pauschaltourist erobert man nicht gerade neue Horizonte. Wer sich für ein *gap year* verabschiedet (wie es zum Beispiel in Großbritannien für junge Menschen zwischen Schule und Studium gang und gäbe ist), lernt eine Sprache am schnellsten. Asien ist ein bisschen unüberschaubarer als Europa, aber ein Lebens als »Ausländer« in China funktioniert ab 18!

All dies sind Entscheidungen, die uns persönlich nach vorne bringen – und hinter jeder Einzelnen steckt ein NEIN zum bequemen Weg.

Und im Anschluss wird keiner mehr dran denken, welche Kleinigkeiten, abgesagten Geburtstagspartys, verpasste

Klassentreffen, ausgesetzte Bridge-Abende in all den Monaten durchs Raster gefallen sind. Dann nämlich, wenn wir einen Schritt weitergekommen sind, ernten wir Lob und Bewunderung für unser ehrgeiziges Projekt.

Klar, dies alles sind Beispiele für die großen Dinge, für die wir uns entschieden haben. Der Mut zum NEIN beginnt allerdings schon im Alltag. Also jetzt!

In der Praxis haben wir doch alle schon erlebt wie der Magen rebelliert, wenn in der letzten Minute am Freitagnachmittag der Chef auftaucht und fragt, ob wir nicht drei Stunden länger bleiben und mal eben schnell noch eine Zusammenfassung/diese eine Tabelle/die schicke Power-Point-Präsentation für das wichtige Meeting am Montagmorgen vorbereiten können.

Diese rein rhetorischen Fragen sind uns ebenso vertraut wie die Bettelei einer Freundin, ob sie nicht doch noch einmal unsere nerzgefütterte Vintage-Jeansjacke ausborgen darf, die sie beim letzten Mal ja auch nur ein Jahr lang »totaaaal vergessen« hatte zurückzugeben. Wir mussten unserem Lieblingsteil ewig hinterherrennen ... und wollten uns eigentlich nicht nochmal davon trennen.

»Dir leihe ich keine Jacke mehr!« ist definitiv ein NEIN, was keiner weiteren Rechtfertigung bedarf.

Die ganze JA-Sagerei kann wirklich gefährlich werden: Eine Überdosis an JA macht uns zu Junkies und vor allem macht es jede einzelne Zustimmung bedeutungslos.

Manchmal hat das Gegenüber noch nicht mal ausgesprochen, und schon schnappen wir nach Luft, um routiniert das erwartete JA abzusondern. Wir denken, unser aufrichtiger Widerspruch sei der Skandal des Jahrhunderts. Diese

Haltung ist ein Fehler! Weil es in der Wirklichkeit schlimmer ist, eine Aufgabe schlecht und mangelhaft abzuliefern, als sie gar nicht erst anzufangen!

Am Ende steht man noch als Idiot da, der seine eigenen Grenzen nicht kennt. Als mittelmäßiger Mitarbeiter, der nicht belastbar ist, weil er nicht abliefert, was er versprochen hat. Und wenn man dann doch perfekt abliefert, ist klar, dass man ausgerechnet deshalb bald wieder zum Notnagel gemacht wird ...

Der Mut, gewisse Dinge abzulehnen, wird allseits bewundert. Wenn alle anderen JA-Sager sind, und Sie erheben als Einzige oder Einziger Ihre Stimme und schleudern dem Chef Ihr Veto vor die Füße wie einen Sack Zement, wird das Respekt ernten! Die Kollegen werden zwar irritiert die Luft anhalten, aber jeder wird sich fragen, woher Sie ein solches Maß an Selbstvertrauen nehmen. Das verschafft Hochachtung! Die kriegt ein JA-Sager nie!

Und wenn Sie sich erstmal ans NEIN-Sagen gewöhnt haben, werden Sie Ihr Schiff in ähnlichen Situationen umso selbstbewusster zu steuern wissen. Während andere über ihren To-do-Listen brüten, entwerfen Sie eine Not-to-do-Liste, denn: Mit Ihren schlechten Angewohnheiten zu brechen, das ist die ganz große Stunde – der Moment, in dem Ihr NEIN Kultstatus erreicht!

Man muss in seinem Leben nur sehr wenige Dinge richtig machen, solange man nicht zu viele Dinge falsch macht!

Und wieder hat Warren Buffet Recht (und der ist nach Jeff Bezos von Amazon und Bill Gates übrigens der drittreichste Mann der Welt):

*»Solltest Du Dich eines Tages in einem chronisch un-
dichten Boot befinden, dann ist es wahrscheinlich besser, Deine Energie darin zu investieren, in ein anderes Boot umzu-
steigen, als ständig die Lecks zu stopfen.«*

Eigentlich logisch, oder? Möchte man meinen, aber viele
Menschen verschwenden ihr Leben damit, immer wieder dieselben, alten Löcher zu stopfen und lassen sich klamm und
unterkühlt in eine ungewisse Zukunft treiben. Klar, mit dem
defekten Boot kennt man sich aus, es ist einem vertraut – ebenso wie die vermeintliche Annahme, dass das Leben aus faulen
Kompromissen besteht. Es erfordert keine Umstellung, keine
Arbeit und kein Sich Aufraffen, in alten Mustern zu verharren.

Wenn Sie nun aber das Ruder rumreißen wollen, sollten
Sie sich fragen, was der entscheidende Schritt wäre, von diesen schlechten Angewohnheiten, an die Sie sich über Jahre
gewöhnt haben, loszukommen. Womit fangen Sie an?

Meine Empfehlung ist die *Not-To-Do-Liste*.

Zäumen Sie einfach mal Ihr Pferd von hinten auf, machen Sie einfach alles umgekehrt.

Anstatt zu versuchen, endlose To-do-Listen abzuarbeiten, *verlernen* Sie einfach ein paar schlechte Angewohnheiten! Formatieren Sie Ihre eigene Festplatte, schaffen Sie
Platz für Neues!

So habe ich zum Beispiel gelöscht, mich über Dinge auf-
zuregen, die ich nicht ändern kann. Auf Anrufe zu warten,
die nie kommen werden. Zweimal am Tag warm zu essen.
Mich am Wochenende mit Terminen zu überfrachten. Zu
warten, bis das Bügelbrett unter der Wäsche zusammen-
bricht, bevor ich Hand anlege. Erst dann abzuwaschen,
wenn alle Geschirrschränke leer sind. Weihnachtsgeschenke
einzukaufen, wenn der Advent anbricht.

Was Sie auf keinen Fall in Zukunft mehr tun wollen, können oder sollten, gehört auf Ihre Not-to-do-Liste! Um Ihnen eine Inspiration zu geben, lasse ich Sie mal einen Blick auf meine eigene Liste werfen:

* Ständig E-Mails checken? Mache ich nur früh um 9 und abends gegen 6 Uhr ... und damit fahre ich super! Es rettet meinen Tag, weil es mir Zeit lässt für echte Begegnungen.
* Social-Media-Accounts im Browser oder auf dem Smartphone offenlassen? Das lenkt nur ab, immer ist was los und es irritiert bei der Arbeit, bis man keinen klaren Gedanken mehr fassen kann.
* In der Mittagspause durcharbeiten? Falsch! Luft schnappen, bewegen, rausgehen, Pause machen und neue Energie tanken bringen Sie weiter. Lieber zurückschalten, um neu Anlauf zu nehmen!
* Mehr als fünf Tassen Kaffee trinken? Hier hilft ein Trick: sich selbst überlisten, indem man immer mehr Milch hineinkippt. Und nach und nach auf Wasser und Tee umsteigt.
* Jammern, meckern, nörgeln, klagen? Bringt nichts, ändert nichts, verbessert nichts – saugt nur Energie ab für all die wichtigen Dinge, um die wir uns kümmern müssen. Mit guter Laune funktioniert alles besser als mit schlechter!
* Auf Glück, Erfolg oder einen Lottogewinn warten? Erfolg ist eine Frage des Vorbereitetseins. Und die anderen beiden? Ach ...
* Am Wochenende für Kunden und Geschäftspartner erreichbar sein? Falsch! Lieber ordentlich ausschlafen, Energie tanken und so gut vorbereitet in die Arbeitswoche starten.

* Erst putzen, wenn die Bude einem Saustall gleicht? Gar nicht erst soweit kommen lassen! Immer die Kleinigkeiten gleich erledigen (dauert nur wenige Minuten? Dann sofort machen!) und nicht fünf Dinge gleichzeitig – erst eine Sache zu Ende machen, bevor man etwas Neues anfängt.

So, und jetzt schreiben Sie einmal 25 Dinge auf, von denen Sie sich verabschieden wollen, weil Sie selbst davon genervt sind. Alles, was Sie ändern und abschaffen wollen, all Ihre schlechten Angewohnheiten. Immer nur Pizza und Coke zum Abendessen? Ständige Ausreden, um Arzttermine zu verschieben? Falsche Freunde? Aufgestapelte Briefe, die wahrscheinlich letzte Mahnungen enthalten? Alte Fischdosen in jeder Ecke? Vergessener Käse im Kühlschrank, der ein haariges Eigenleben führt und die Wände hochkriecht? Pilze, die aus dem Spülbecken wachsen? Klobrille kaputt und daneben abgestellt? Kann alles fix geändert werden!

Jetzt, wo Sie alles so schön übersichtlich vor sich stehen haben: Kreisen Sie von diesen 25 Negativ-Punkten die Top Five ein – die Dinge, die Sie selbst am meisten nerven. Wirklich, fünf reichen für den Anfang. Es ist harte Arbeit, lange bestehende schlechte Angewohnheiten ehrlich loszuwerden. Streichen Sie dann die anderen 20 Punkte komplett von der Liste. Die bewahren Sie auf für die nächste Runde.

Nun haben Sie Ihre persönliche Not-to-do-Liste fertig. Für diese fünf schlechten Angewohnheiten in Ihrem Leben wenden Sie ab sofort bitte *keine* Energie mehr auf. Haben Sie es wirklich geschafft, einen Punkt zu eliminieren, rückt von Ihrer langen Liste der dringlichste Punkt nach! So schafft man Prioritäten!

Bei mir ist das beispielsweise der Punkt *Sinnloses Fernsehen.* Couchpotatoe-Abende habe ich komplett gestrichen. Also? Wozu können Sie nächste Woche definitiv NEIN sagen?

Ganz oben auf meiner persönlichen Not-To-Do-Liste steht übrigens: *Den Wagen verdrecken lassen.* Davon wollte ich tunlichst wegkommen, nachdem fremde Menschen »Sau« auf meine Windschutzscheibe geschmiert haben – so dreckig war mein Auto im brandenburgischen Matschwinter. Meine Entschuldigung dafür war zwar immer: »Wagenwaschen lohnt sich nicht bei Mistwetter.« Die anderen Dreckskisten sehen ja auch nicht besser aus bei Schmuddelwetter. Aber dann hatte ich plötzlich ein Date. Es lief zwar scheiße, aber der Wagen war ausnahmsweise sauber. Und welch ein gutes Gefühl, nach dem miesen Abend nicht öffentlich als »Sau« durch die Stadt zu kurven, sondern selbst im grauen Matsch jedem, den ich überholte, zu vermitteln: »Ich behalte die Kontrolle, auch wenn Paulus meint, uns alle kleinzukriegen!« Seitdem genieße ich das Gefühl, wohlonduliert und perfekt maniküft mit meinem topgewarteten, schneeweißen SUV vorzufahren.

Ich habe NEIN zu der »Sau« gesagt und es den Nachbarn gezeigt! Ja, damit erntet man Respekt!

Natürlich habe ich inzwischen einen konkreten Verdacht, wer die Täter gewesen sind. Das waren dieselben jungen Leute, die an Silvester Böller und Raketenbatterien auf meiner schönen Mauer platziert haben, die mich dann an Neujahr schwarz verrußt begrüßt hat. Weil es pubertierende Backfische sind, sehe ich darüber hinweg, aber ich weiß Bescheid. Und irgendwie bin ich den Kids auch dankbar, denn ich bin dank ihnen keine Sau mehr. In Berlin fällt man mit einem eingesauten Dreckswagen ja gar nicht auf, aber in meiner Vorortnachbarschaft achtet man auf sauber geschnittene Rasenkanten.

Dafür ist es andererseits geduldet, in Schlabberklamotten ungeschminkt Kaffeetrinken zu gehen. Man könnte vermutlich auch im Pyjama einkaufen gehen, niemand würde Anstoß daran nehmen. Wir sind ja nicht in Hollywood. Und mal ehrlich: Wimpern ankleben, um den Müll rauszutragen? Wie *fucked up* ist das denn?

Wer das von mir als Star erwartet, dem sage ich nicht nur ganz klar NEIN; ich sage laut und deutlich: »Leckt mich allesamt am Arsch!«

13
NEIN in the City
oder
Die Shopping-Queen sagt NÖ

Es kann schwer sein, mit der Angewohnheit, zu allem JA zu sagen, zu brechen. Wir lieben unsere Freunde, helfen auch in vielerlei Situationen gerne aus. Wollen unterstützen und hilfsbereit sein.

Es gibt Menschen, bei denen fällt es einem besonders schwer, ihnen eine Bitte abzuschlagen. Und deshalb empfehle ich Ihnen, Ihre ersten Übungseinheiten zum NEIN-Sagen mit Menschen zu praktizieren, die Sie nicht die Bohne interessieren. Fremde Leute, denen Sie sich nicht wirklich verpflichtet fühlen – auch wenn es die netteste Schuhverkäuferin der Welt ist!

Herrlich, sich an Leuten auszutoben, von denen man weiß, dass man ihnen nie wieder begegnet (und das auch unter gar keinen Umständen wollen würde). Zumal heutzutage die meisten Verkäuferinnen eh nur einen Halbtags-Nebenjob haben und man sie zwischen Berufsschule und gewerkschaftlich festgesetzten Azubi-Zigaretten-Pausen eh nie wiedersieht. Ich rate Ihnen daher: Trainieren Sie das NEIN-Sagen zunächst überall dort, wo man Ihren Namen nicht kennt und Sie sich in der unermesslichen Wüste des Dienstleistungsgewerbes befinden.

Ganz egal ob im Restaurant, in der Shopping-Mall, an der Eisdiele, am Kiosk, in der Billig-Backshop-Bäckerei, auf dem Weihnachtsmarkt, im Verkehr ... ständig sind wir umgeben von Dienstleistern, die – sehen wir der Wahrheit ins Auge – gut damit leben können, dass wir NEIN sagen zu ihren Angeboten.

An dieser Stelle möchte ich daran erinnern, dass dieses NEIN natürlich trotzdem möglichst taktvoll, freundlich und mit einem süßen Lächeln zu servieren ist. Dann brennt die Luft nämlich noch schneller. Denn impertinentem Desinteresse statt mit Maßregelung mit überzogener Freundlichkeit zu begegnen, war schon immer die wirkungsvollste Methode, um Faulpelze von ihrem Wachkoma zu erlösen.

Das perfekte Übungsterrain ist zum Beispiel ein Restaurant, in dem wir *nicht* Stammpersonal sind, und das sich auch *nicht* direkt bei uns um die Ecke befindet. Sollten Sie bei Ihrem Besuch berechtigten Grund zur Beanstandung haben, nehmen sie unterirdischen Service einfach nicht mehr hin!

Versuchen Sie es einfach mal:»Entschuldigung, aber ich habe das Steak mit Country-Fries und nicht mit Pommes bestellt, können Sie das bitte austauschen?«

»Entschuldigung, aber auf der Karte steht, die Spaghetti kommen mit frischen Tomaten und nicht mit getrockneten. Können Sie das bitte korrigieren?« Wenn man Ihnen dann sagt, frische Tomaten seine leider nicht mehr da, dann trumpfen Sie auf und entgegnen:»Oh, dann lasse ich das zurückgehen und möchte bitte noch mal die Karte sehen.«

So etwas ist, wenn Sie ein JA-Junkie sind, schon ein erster kleiner Triumph.

Bei Beschwerden im Restaurant sollten Sie stets bedenken, dass der Kellner nicht der Koch ist. Den Überbringer einer schlechten Nachricht zu bestrafen, ist immer falsch! Machen Sie also bitte nicht den Service für das Essen verantwortlich, aber nehmen Sie schlampige Bedienung und unaufmerksames Personal auch nicht hin, ohne zu mosern.

Sich über Dritte zu beschweren, macht hingegen sehr glücklich! Da ist der nette Kellner sowas wie die Pufferzone zwischen dem Übeltäter in der Küche und dient allein dazu, die schlechte Botschaft zu überbringen. Zu sagen »Das Gemüse ist überkocht und ziemlich matschig, könnte mir der Koch bitte eine andere Portion machen?«, ist Ihr gutes Recht, und Essen, das Ihnen nicht schmeckt, zurückgehen zu lassen, ist absolut erlaubt.

Der Kellner sollte dabei Ihr Verbündeter sein, mit dem Sie als Gourmet den guten Geschmack teilen. So sieht eine Beschwerde mit Stil aus:

»Sie würden es sicher auch merkwürdig finden, wenn in Ihrer Spargelsuppe kein einziges Stück Spargel zu finden ist. Könnten Sie bitte einmal beim Koch nachfragen, ob sich da noch etwas machen lässt, oder ob Spargel für heute aus ist? Falls ja, würde ich gerne noch einmal die Karte sehen.«

Der Trick ist, sich gleichzeitig mit dem Überbringer der Hiobsbotschaft zu verbünden, nach dem Motto: »Wir beide, wir wissen, wovon wir sprechen!« Sie sind der Kunde, der bereit ist, höflich und taktvoll um eine gewisse und keinesfalls vermessene Dienstleistung zu bitten, die Sie am Ende auch gerne mit einem entsprechenden Trinkgeld honorieren werden. Wenn Ihre Wünsche im Folgenden erfüllt werden, dann bedanken Sie sich freundlichst und mit Nachdruck. »Danke, das weiß ich sehr zu schätzen, es ist jetzt alles wunderbar!« Und natürlich sollten Sie das

Beschweren gleich am Anfang erledigen und nicht kurz vorm vorletzten Happen. Man darf in Deutschland sowieso alles zurückgeben, was nicht schmeckt. Auch im Supermarkt. Eine halbaufgefressene Packung Cornflakes? Hat anfangs zwar noch gut geschmeckt, aber plötzlich eben nicht mehr – ganz egal, man muss Ihnen das Geld erstatten. Das ist tatsächlich völlig legitim – der gute Geschmack muss ja bis zum letzten Bissen halten –, wird aber aus nachvollziehbaren Gründen nicht sehr publik gemacht.

Und glauben Sie bloß nicht, Sie *müssen* dort sitzen, wo man Sie im Lokal platziert! Gar nicht viel anders als am Immobilienmarkt zählt in Restaurants vor allem eines: *location, location, location*. Und wer sich da nicht durchsetzt und fordert, der kriegt eben den Tisch neben dem Klo, der Kasse und der Serviceschwingtür. Bevor Sie sich mit einer schlechten Platzierung zufriedengeben, schauen Sie sich erstmal um. Fragen Sie explizit nach dem Tisch, an dem Sie sitzen möchten, und wenn es gar nichts Besseres gibt als den Katzentisch, dann sagen Sie: »Danke, ich warte dann am Tresen, bis ein anderer Tisch frei wird.« Dann können Sie mal erleben, wie schnell ein besseres Placement möglich gemacht wird. Meistens kooperiert der Service, sobald er bemerkt, dass man sich nicht mit der miesesten Ecke abspeisen lässt. Und ein charmanter Wirt bietet Ihnen bei jeglicher Form der Beanstandung sowieso einen Gratisdrink an.

Es schmeckt gleich doppelt so gut, wenn man aus dieser Übungseinheit im NEIN-Sagen als Sieger hervorgeht. Und was für Restaurants gilt, gilt ebenso in Geschäften. Meist läuft es heutzutage eh anonym ab, in all den Ketten und

Stores, in denen sich die Kundinnen mehr oder weniger selbst bedienen.

Und trotzdem kommen wir immer wieder in die Lage, dass wir in einer Boutique 45 Minuten lang Klamotten durchprobieren, begleitet von einer liebenswürdigen Fachverkäuferin, die uns berät, die richtige Größe heraussucht, Empfehlungen und Ratschläge erteilt. Bis zu dem Moment, in dem uns klar wird, dass – ganz egal, wie oft die freundliche Damenbekleidungsfachkraft auch bestärkend wiederholt, wie grandios uns diese satte Farbe doch steht – zwischen dem sündhaft teuren Hosenanzug und uns der Funke *nicht* überspringt. Zumal das Teil sowieso unser Budget sprengt. Wir hätten gerne etwas bei der charmanten Dame gekauft, wirklich, aber jetzt wollen wir nur noch eins: irgendwie aus dem Laden rauskommen, ohne Geld dort zu lassen, weil wir genau wissen, dass dieses spezielle Teil ein weiterer Fehlkauf sein wird, der nur den Schrank blockiert und den wir niemals tragen werden. Nix mit Reinhungern, nix mit Baucheinziehen, das Ding sitzt nicht.

Eine freundliche Fachverkäuferin weiß, dass ein Geschäft davon lebt, gute Beziehungen zum Kunden aufzubauen, und sie wird es zu schätzen wissen, dass ihre Kompetenz und Beratung von Ihnen gewürdigt wird. Werden Sie wirklich gut bedient, zeigen Sie ruhig, dass Sie dies zu würdigen wissen, aber leider nichts mehr anschaffen wollen, was nicht passt!

Liefern Sie einfach ehrlich ein paar Argumente, warum heute für Sie nichts dabei ist: »Sie haben wirklich eine schöne Auswahl hier, aber NÖ, heute will mir einfach nichts gefallen. Ich komme wieder!«

»Wenn Sie die rote Hose in meiner Größe hätten, dann würde ich sie bestimmt nehmen, aber NÖ, leider nur noch in 34 da. Vielleicht habe ich ja beim nächsten Mal mehr Glück.«

»Ich bin mir nicht sicher und ach NÖÖÖ, ich muss einfach nochmal drüber nachdenken!«

»Ich schaue mich einfach nur um, da ist nichts dabei was ich brauche, ach NÖÖÖ, ich melde mich, wenn ich was gefunden habe!«

»Entschuldigen Sie, aber ich arbeite gerade mit meinem Therapeuten an meiner Kaufsucht. Ich *muss* diesen Laden aus psychologischen Gründen verlassen. NÖÖÖ, ich kaufe heute einfach mal nix.«

Am meisten freuen wird sich eine Fachverkäuferin über Ihren Plan, »ein andermal« auf das Geschäft zurückzukommen. Und darauf, dass Sie den Laden weiterempfehlen und als potentieller Kunde für die Zukunft gut beraten von dannen ziehen.

Solche Geschäfte, in denen man persönlicher Stammkunde ist, werden allerdings immer seltener. Umso weniger sind wir verpflichtet, groß zu deklamieren, warum es heute leider nicht passen will. Man kann ja froh sein, wenn man heute nach endloser Warterei überhaupt mal eine Kraft erheischt, der man eine Frage stellen oder die Ware zum Abkassieren übergeben darf.

Schuldgefühle Verkäufern gegenüber beim Shoppen sind eine völlig hausgemachte Sache, die allein in Ihrem Kopf entstehen. Kein Verkäufer erwartet, dass jeder Kunde, der das Geschäft betritt, immer etwas mitnimmt. Sie können durch Geschäfte cruisen solange Sie wollen und sind nirgends verpflichtet, die Kreditkarte zu zücken.

Wenn Sie nicht überzeugt sind, sagen Sie einfach: »NÖ!«.

Sie wollen ja shoppen gehen, um sich selbst etwas zu gönnen, und nicht aus Barmherzigkeit! Und es gibt so wahnsinnig charmante Wege, sich einen eleganten Abgang aus einer Boutique zu verschaffen.

Ich habe in dieser Hinsicht jegliche Hemmungen abgelegt. Wenn ich nämlich erlebe, wie die Leute in den Shoppingkathedralen die Ware vom Bügel reißen und am Grabbeltisch an den Leggings und Plus-Size-T-Shirts zerren, da brauche ich mich nicht zu schämen, wenn ich ein Geschäft verlasse, ohne etwas mitzunehmen.

Das Personal der einschlägigen Modeketten ist es heutzutage sowieso gewohnt, das eine Kundin, die ihrem Kaufrausch frönt, sich während ihres Schnäppchenwahns jenseits jeglicher Zurechnungsfähigkeit befindet.

Wer kaufsüchtig ist, sucht Trost! Und genau wie bei Fresssucht oder bei Alkoholikern bricht die Ersatzbefriedigung in Form von Attacken durch! Und das Schlimme daran: Die Anfälle sind nicht unbedingt zweckgebunden. Ungetragene Kleidungsstücke werden daheim in Schränken, Kisten und Tüten geparkt, ohne dass die Preisschilder überhaupt entfernt werden. Sie werden im besten Fall irgendwann verschenkt, gespendet oder getauscht, auf eBay verkauft oder eingemottet. Im schlimmsten Fall werden sie ein homogener Teil einer überfrachteten Messie-Wohnung ... denken wir lieber nicht darüber nach!

Es geht bei diesen Kaufräuschen nicht darum, Dinge zu besorgen, die man braucht, sondern es ist der Kick des Shoppens, des vermeintlich erfolgreichen »Erjagens«, der sofortige Befriedigung verschafft. Echte Kaufattacken machen keinen Unterschied zwischen dem, was angeboten wird:

Angelausrüstung, Wanduhren, Schallplatten, Stoffe, Kettensägen, Nudelpakete, Zahnbürsten, Aquarien, Porzellanpuppen, Fahrradschläuche ... Ob es benutzt wird oder nicht ist völlig nebensächlich. Der Bestell- oder Kaufakt als solcher verschafft den Kick.

Dahinter verbirgt sich das Bedürfnis nach positiven Gefühlen: Der Kauf spendet Trost oder Belohnung, lenkt von Sorgen und Traurigkeit ab, dient als wohlverdiente Entschädigung für Ärger oder Stress.

Bei Büchern kann man diese Sucht sogar fabelhaft kaschieren, denn wer kontrolliert schon, welche Bücher am Ende tatsächlich gelesen worden sind? Hohe Bücherstapel und großformatige Coffeetable-Bände machen zumindest immer einen gebildeten Eindruck. Das gesellschaftlich sanktionierte Horten von Büchern bildet also einen fantastischen Schutzschild, hinter dem man seine Kaufsucht perfekt verbergen kann, suggeriert es doch bibliophile Tendenzen.

Ich für meinen Teil finde ja, Bücher zu sammeln ist die beste Sucht von allen. Zumindest macht diese Sucht nicht dick und man holt sich keine Hefepilzinfektion.

Der buchkaufsüchtige »Bookaholic« versteckt sich in der Unterrandgruppe einer Minorität, also praktisch unter dem Radar. Nirgends gibt es die »Bookaholics Anonymous«. Und das ist gut so, denn ich würde an dieser Sucht auch nichts ändern wollen. Im Gegenteil! Mein Bestreben ist es (wie der schlimmste Dealer!), andere damit anzufixen und sie auf eine Line guter Laune oder Bildung einzuladen.

Als »Bookie« kann man getrost mit seiner Sucht und den besten Freunden, die geduldig im Regal darauf warten, gelesen zu werden, alt werden. Man ist dann so etwas wie ein alter, friedlicher Kiffer, der niemandem Ärger bereitet und sich ganz entspannt seine Ration Weed genehmigen darf.

Wie konnte es überhaupt soweit kommen, dass Einkaufen beziehungsweise Shoppen von der Notwendigkeit zum Lebensinhalt geworden ist?

Betrachten wir mal den Kick einer sogenannten »Shoppingreise«, die dazu dient, anderenorts noch mehr Begehrlichkeiten nach Waren zu wecken, die wir eh schon besitzen:

Nun ja, nach einer richtig erfolglosen Woche, angefüllt mit kleinen und mittleren Katastrophen, wenn die Menschheit mal wieder ihre hässliche Fratze gezeigt hat, kann eine kleine Belohnung Wunder wirken.

Wer sich gut fühlen will, beginnt mit Großzügigkeit sich selbst gegenüber. Den Mann, der uns eine schwarze Titan-Kreditkarte überreicht und sagt: »Bitte Schatz, tu mir den Gefallen und lass uns nie wieder über Geld reden«, ist ja den wenigsten vergönnt! Also verwöhnen wir uns selbst, wenn es schon kein anderer tut.

Es geht um Ersatzbefriedigung! Beim Trostshoppen unterliegt eine Frau schließlich demselben Kontrollverlust wie beim Orgasmus. Weiß Zalando natürlich alles schon: »Kreisch!!!«

Insbesondere Schuhkauf kann zum Fetisch werden. Dabei gibt's die wirklich schönen Schuhe gar nicht bei Zalando. Da gibt es ja nur die billige Kopie von der Kopie der Kopie.

Deshalb muss auch immer Nachschub her, weil sich eben nie der Erfolg wirklich guter Ware einstellt. Das ist so in etwa wie McDonalds. Man ist pappsatt, hat aber nach einer Stunde schon wieder Hunger auf noch mehr Junkfood.

Und genau wie beim Fremdgehen halten wir Argumente der Rechtfertigung parat, um unser Nachgeben zu verteidigen. Fehlkäufe werden exakt wie beim Seitensprung anfangs noch von kleinen Lügen begleitet. Ausreden, schlechtes Gewissen, Schulden, Hochgefühle – gefolgt von Ernüchterung und Scham – bilden austauschbare Emotionskurven, die heimliche Affären und Kaufsucht verbinden.

Der zwanghafte Kaufrausch macht Kunden zu Patienten. Und eine solche Patientin gerät außer Kontrolle, wenn sie sich einem CitySchuh-Paradies nähert, so groß wie ein Baumarkt, in dem es nach Plastik, Leim und Verpackungsmaterialien aus Bangladesch riecht. Einmal angefixt, ist dies genau der richtige Ort, um sich als Kundin per Scheckbuch den Goldenen Schuss zu setzen!

Männer, hier lernt ihr die Weiber richtig kennen … Mein Rat: Geht mit euren Kumpels in der Zeit lieber ein Bier trinken – oder sucht im Dessous-Geschäft schonmal die Strapse aus.

14
NEIN im Schuhparadies
oder
Peace, Love and Flipflops!

Wie ein kryptisches Mantra sollten Sie schon beim Betreten Ihres liebsten Schuhladens innerlich »NÖ-NÖ-NÖ-NÖ-NÖ...« murmeln. Was für einen Seemann in Not das SOS ist, ist für uns diese Zauberformel beim Schuhkauf! *Save our souls!*

Der Puls steigt, das Herz rast, während andere Frauen in fürchterlichen Outfits mit Frisuren aus der Hölle ebenfalls hungrigen Blickes ihre Objekte der Begierde ausmachen. Derweil fixiert die prozentual am Umsatz beteiligte Verkäuferin wie eine Spinne im Netz ihre Opfer. Und wer ihr schließlich in die Fänge gerät wird erst beraten und dann ausgesaugt.

Betrachten wir doch mal, wie es überhaupt so weit kommen konnte. Wer hat damit angefangen? Stecken die Schuhfabrikanten gar mit Scientology unter einer Decke? Wie wurden nach allen Regeln der Marketing-Psychologie in uns diese Bedürfnisse und Begierden nach abgefahrenem Schuhwerk geweckt? Eine Sucht, die unsere Mütter noch gar nicht kannten. Weltweit haben plötzlich Weiber Hunger auf immer neue, möglichst unbequeme und vor allem unpraktische Modelle! Oder sind die Kardashians an allem schuld?

Wenn sich im Internet jemand auszieht und als Beruf »Model« angibt, kann man zu 90 % davon ausgehen, dass die besagte Person käuflich ist. Ein seriöses Model würde so etwas natürlich niemals machen. Echte Models sind bei Top-Agenturen unter Vertrag, zeigen sich mit Vorliebe in Extra-Large-Cashmerepullovern, möglichst wenig geschminkt, in Science-Fiction-Posen an surrealen Locations und gelten mit Mitte 20 als alt. XXL-Plastiknagelstudionägel haben echte Models nie.

Kein echtes Model hat es nötig, die Silikon-Beulen vor einer Web-Cam zu schwenken. Aber ist es nicht verrückt, dass diese Frauen à la Kardashian – oder neuerdings auch Heidi mit K –, zwar so gut wie nackt sind, aber trotzdem immer noch die Schuhe anhaben? Ganz klar: Nackt mit Schuhen, da bist du einfach immer geil.

Ja, es ist ein besonderer Fetisch, außer Highheels gar nichts zu tragen. Wobei diese wahnsinnig teuren Louboutin-Gladiatorenstiefel mit 12-Zentimeter-Absatz für 3.000 Euro auch nur eine Kopie der Pornobranchen-Plateauhufe sind.

Nuttenschuhe sind zum Status-Sexsymbol geworden, egal, welche Frau dranhängt. Die feiste Bauernmaid aus der Uckermark beweist Stil, indem sie hochschwanger im Fotostudio ihre wilden Tattoos für die Ewigkeit inszeniert. Und natürlich dürfen für den Glamourfaktor in Luckenwalde die nuttigen Stilettos mit roter Sohle nicht fehlen! Weil man damit so schön querfeldein über den Acker gurken kann ...

Wenn Sie jemanden mal richtig beleidigen wollen, dann urteilen Sie abfällig über sein Schuhwerk. Das Schöne daran ist: Nicht bei jedem kommt die Message an.

Schuhe sind ein Geheimcode! Und der Wunsch, mitreden zu können, hat Milliarden von Schuhen in die Mitte der Gesellschaft geschwemmt. Genauso wie falsche Brüste oder neue Zähne dient Schuhwerk mittlerweile zum Hochtunen und Aufpimpen alteingefahrener Karossen. Neue Implantate angeschraubt, neue Zahnleiste, die Nase zurechtgestutzt, die Haare umlackiert ... damit wird aus dem abgeranzten Oldie schnell ein Classic-Car.

Glücklich sind all jene, die echte Manolo-Blahnik- und Jimmy-Choo-Ware horten dürfen! Kopien dieser Vorlagen gibt es ja nun leider weltweit in Billigausführung für 15 bis 35 Euro im Türkenladen. Sieht eigentlich genauso aus, zumindest im gutausgeleuchteten Schaufenster. Und wer den Unterschied zwischen einem kleinen Schwarzen für neun Euro bei Kik und einem kleinen Schwarzen für 3.000 Euro bei Gucci nicht sieht, der wird auch nicht drauf achten, welchen Leisten der Nuttenhuf bei Takko hat. So geht jegliches Qualitätsbewusstsein und erst recht jede Exklusivität verloren.

Über Exklusivität entscheidet am Ende nur noch, welches Tier für den Schuh sterben musste. Gott hab sie selig, meine alten, fransigen, schiefgetretenen Westernboots aus Krokodilleder. Solch eine Qualität wird heute gar nicht mehr hergestellt. Damit gurke ich durch die Welt, seitdem ich 18 bin. Eine Maßanfertigung aus Las Vegas.

Aber schön, dass Deutschland überhaupt jemals über den rutschfesten Pumps hinausgekommen ist. Schön, dass man sich Mühe gibt und mal versucht hat, sich als eine der vier Ladys von *Sex and the City* zu fühlen ... eine antike Serie, die vor mittlerweile 25 Jahren entstand, bei uns erst ankam, als sie den Rest der Welt längst erobert hatte und inzwischen von ihrem Vintage-Appeal lebt.

Schön auch, dass diese Serie so gut gemacht ist, dass Menschen wirklich glauben, Frauen würden in Zwölf-Zentimeter-Lackstilettos und Hotpants dem Bus hinterherrennen. Das macht man als Schauspielerin nur für zehn Millionen Dollar! Ja, es muss ein harter Drehtag gewesen sein für Sarah Jessica Parker. Die Szene wurde bestimmt 20-mal wiederholt, mit all dem Straßenverkehr, den Statisten, den Taxis, Hunden und Vögeln, die da sonst noch mitspielen.

Und weil diese vier Protagonistinnen allesamt einen Schuhtick hatten, haben sich reale Frauen weltweit wahrscheinlich gesagt: Wenn ich schon nicht so luxuriös und glamourös sein kann wie diese Ikonen aus dem Big Apple, dann will ich wenigstens den Schuhtick mit ihnen teilen!

Und es hat ja auch was ... bin ich doch die Allerschlimmste von allen, wenn es um Schuhwerk geht.

Ich war in den 80ern schon da, wo ihr heute alle hinwollt.

Denn ich bin geouteter und bekennender Schuh-Junkie! Und ich weiß genau, warum:

Ein Schuhladen verletzt meine Seele nicht. Er ist schließlich ein Ort, den ich beruhigt betreten kann, ohne mich in der Ankleidekabine zu fett zu fühlen. In diesen drei mal zwei Quadratmeter kleinen, viel zu engen, schlecht ausgeleuchteten Neon-Zellen des Grauens, die sich »Umkleidekabine« nennen, Klamotten durchzuprobieren, ist echt Horror. Besonders, wenn man sich nicht mal flach auf den Rücken legen kann, um mit der Kneifzange den Reißverschluss der Skinny Jeans zu schließen. Nein, beim Schuhkauf fühlt sich niemand fett. Man muss nicht mal den Bauch einziehen. Und Schweißperlen treten einem auch nicht auf die Stirn, während man verzweifelt versucht, den rückwärtig klemmenden Billigreißverschluß nach oben zu wuchten. Nicht mal die Frisur wird ruiniert, weil man sich weder bücken noch Sachen über den Kopf streifen muss.

Ich halte Schuhkauf ja für eine hochemotionale Angelegenheit, eine Alternative zur Konditorei, wo man Streicheleinheiten für die Seele oral einfährt.

Altersgebunden ist der Schuhwahn auch nicht. Er ist zeitlos und gesellschaftsfähig. Man kann sagen, der Schuhtick ist – dicht gefolgt von der bibliophilen Passion – die gesündeste Sucht von allen. Weitab jeglicher Gefährdung durch impertinente Geschlechtskrankheiten!

Und die Modelle im Schuhgeschäft haben auch keine Altersbeschränkung. Es haftet ihnen kein Label an, nach dem Motto »Also über 50 sollte man vielleicht kein Babydoll-Hängerchen mehr tragen!«

Spaghettiträger sind ab 40 schon riskant. Hot Pants ab 25. Nicht so beim Schuh! Mit einem einzigen Paar altersloser Highheels – oder besser zehn Paar – kann man seine gesamte alte Garderobe updaten und variieren, ohne dass man sich neu einkleiden muss. Die alten Outfits glänzen plötzlich in neuem Licht. Eine olle schwarze Leggins mit dem Plussize-Sweatshirt, das man früher gerne mal zum Putzen übergestreift hat, wird durch die schicken Overknees mit Zehenausschnitt direkt zum Partylook. Wie cool ist das denn? Eine Netzstrumpfhose und ein paar Ankle-Boots erheben das 20-Euro-Sommerkleid *made in China* zum Laufsteg-Look.

Mit einem Paar neuer Schuhe zieht man dennoch nicht so sehr Aufmerksamkeit auf sich wie mit einer mit dem eigenen Monogramm versehenen, prunkvollen Louis-Vuitton-Tasche der aktuellen Saison. Und anders als bei einer

Investment-Bag muss man sich nicht für Schuhwerk rechtfertigen! Klar, dass man täglich in neuen Schuhen daherkommt – man kann schließlich nicht barfuß laufen! Schuhwerk erfüllt unstrittig einen Nutzen. Dies schont unser Gewissen, wenn auch nicht unsere Geldbeutel. Eine teure Handtasche verleiht zwar Selbstwert, aber zweckdienlich ist sie eigentlich nicht. Nüchtern betrachtet kann man sein iPhone und seine Schlüssel auch in einer Plastiktüte transportieren. Alles was darüber hinausgeht, ist Schnickschnack. Neulich wollte ich mir eine hübsche, schicke Clutch kaufen. Sie war herabgesetzt bei Gucci und sollte »nur noch« 500 Euro kosten. Ich habe da mal fix »NÖ!« gesagt. Für 500 Euro kann ich einen Menschen mieten, der neben mir herläuft und meinen Lippenstift, das iPhone und mein Schlüsselbund trägt, und obendrein noch eine schusssichere Weste anhat, falls ich doch mal überfallen und gekidnappt werden sollte. Ich entschied mich dann für eine Clutch von TK Maxx für sieben Euro, die mehr oder minder ähnlich aussieht. Wenn man schon mit Clutch ausgeht, sind über kurz oder lang sowieso alle besoffen, sodass am Ende eh keiner mehr darauf achtet, worin man seine Hühneraugenpflaster, Kreditkarten und Tampons transportiert.

Bei Schuhen ist das anders. Schuhe verraten gnadenlos, wer wir sind. Nicht nur das, sie zeigen auch, wo wir hinwollen.

Sie geben preis, welche Wertvorstellungen und welches Qualitätsbewusstsein wir haben – beziehungsweise, wie wir wahrgenommen werden wollen.

Du willst sein wie die Kardashians? Dann iss nur noch Salat aus Ready-to-go-Plastikschüsseln vom Lieferservice und trink Smoothies aus XXL-Pappbechern. Trag Fickschlappen aus Plastik, sitze niemals an einer ordentlich gedeckten Tafel, mach dir aus den geklöppelten Tischdecken von Oma ein knappes Strandkleid, verbanne heimelige Gemütlichkeit und Hausfrauenküche aus deinem Leben. *Fuck tradition!* Steig um auf Porn-MILF-Queen. Und such dir dafür das passende Schuhwerk.

Nicht, dass ich was gegen Prostituierte habe, nein, das ist auch nur ein Beruf wie jeder andere, aber früher hat man nur nebenbei angeschafft und ist tagsüber einer regulären Arbeit nachgegangen. Heute will niemand mehr arbeiten und lieber als Prostituierte und *»It-Girl«* Karriere machen. Alle wollen nur noch »berühmt« sein, ohne was zu können, und als Insta-Bitch einen auf Schmollmund-Kardashian mit Madonnenscheitel machen. Nackt im Pelzmantel. Mit den Plastikpantoletten. Plötzlich ist es angesagt, eine Dirne zu sein. Und der Bacon vom XXL-Doppelwhopper klebt unter dem XXL-Acrylnagel. Weil, wir essen ja nur noch mit den Händen.

Doch Obacht, wenn ihr eine Nachahmerin werden wollt: Denn die neuen Nutten haben es voll drauf! Aufgespritzte Lippen, Arschimplantate, XXL-Brüste, Fettabsaugungen, Cheekimplants, Haarwurzelverpflanzungen, Extensions und täglich zweimal zwei Stunden im Fitnessstudio machen aus jedem halslosen Dackel mit zu kurzen Beinen und einem deutschen, gebärfreudigen Becken ein heiratsfähiges Modell der unteren Mittelklasse. Es strahlen die Zähne weißer denn je und der Anus duftet nach Lotus. Aber barfuß sind die nie! Die Prostituierten von heute wohnen in Top-Appartements (meist mit Aufzug) und kleiden sich in sexy High-End-Klamotten. Sie haben einen eigenen Schrank nur für ihre Stiefel!

Overknees aus weichem Leder mit Schnürung bis nach Bagdad, *open toe* wie eine zarte Sandalette, die aber dann doch ein Winterstiefel sein will, Gladiatorenschnallen, die jede Menge Haut zeigen, geschnürt bis hoch zur Arschfalte – all das ist heute die Grundausstattung in professionellen Kreisen. 800 Euro muss man für so ein Paar Stiefel auf der Meile schon hinblättern. Und das sind erst die Basics.

Wichtig ist beim Bitch-Lifestyle auch, dass man sich von den praktischen Aspekten des Schuhwerkes möglichst weit entfernt: Je weniger es sich damit laufen lässt, umso besser! Denn arbeiten, mit dem Bus fahren und zu den Ämtern gehen, das wollen wir ja dann sowie nicht mehr. Kaum Halt, aber Glitzer-Glitzer und nur drei Riemchen, so soll es sein. Besonders beliebt auch bei Kundschaft, die Fesseln hat wie Baumstämme.

Je weniger Material am Schuh dran ist, umso teurer. Aber wenn eine Frau sich erstmal in so eine Cinderella-Pantolette verliebt hat, wird sie augenblicklich zur Masochistin. Scheuerndes Metall zwischen den Zehen? Egal! Blutige Blasen an den Fersen von den Riemchen aus Straß? Kein Problem! Glitzersteine, die sich direkt in den kleinen Zeh bohren? Wir sind hart im Nehmen. Eine in ihren eigenen Schuh verliebte Frau kennt kein Scheitern! Das Modell gibt es nur noch zwei Nummern zu klein? Scheiß drauf, der Schuh ist ja vorne offen. Da rutscht man eben mit den Zehen bis aufs Straßenpflaster und haut die lackierten Krallen wie ein Greifvogel ins grüne Gras. Zu groß, die Pantolette? Kein Thema, besser als zu klein, man sitzt damit eh meist nur auf dem Barhocker. Drei Nummern zu groß, der Pumps? Kommen vorne eben Damenbinden rein und eine Ladung Klopapier, was muss, das muss. Steifer Leisten, so das man wie mit angeschnallten Briketts daher marschiert? Egal, sieht auf den Fotos ja keiner, wie man watschelt. Schuhe, die zu absolut gar nichts passen wollen, was man an Kleidung besitzt? Umso besser, kauft man sich eben noch ein passendes Outfit zu den 70er-Jahre-Boho-Samt-Plateaus. Man wollte Pamela Anderson werden, und es reicht doch nur für Daniela Katzenberger? Scheiß drauf, merkt eh keiner, die anderen sehen ja auch nicht besser aus! Wer ein Schuhfetischist ist, liebt Schuhe umso mehr, je unpraktischer sie sind. Der echte Profi nimmt für den Abend eben Schmerztabletten ein, wenn die Zwölf-Zentimeter-Louboutins das Blut abschnüren und scheuern wie Hölle.

Ab einem gewissen Level sind Schuhe zum Investment geworden. Im Gegensatz zu einer teuren Handtasche ist ihnen aber der Nachteil zu eigen, dass sie in einer Vielzahl von Größen kommen. Also mit dem Ausleihen und Tauschen ist es so eine Sache ... Eine Perlenkette passt nun mal um jeden Hals. Eine wertvolle Handtasche noch über jeden Ellenbogen. Aber weil Schuhe längst nicht jedem passen wollen, könnte man uns diese Herzenslieblinge nicht mal bei einem Überfall auf den Schuhschrank entwenden.

Schuhe sollen sexy sein, und in der Tat, sie symbolisieren unsere Sehnsüchte und Träume komplementär – das ist wie bei der Partnerwahl! Sie sollten sich so sanft anschmiegen wie ein Handschuh und individuell mit uns verschmelzen. Die Chemie muss stimmen. Und sowas spürt man auf den ersten Blick. Dabei ist es doch so: Was für uns vielleicht das ideale Paar sein kann, mistet ein anderer aus und schmeißt es auf den Sperrmüll. Hat ein Schuh nicht gehalten, was er versprochen hat, folgt die Trennung auf dem Fuße!

Schuhe sind natürlich käufliche Ware. So wie Fuß-
ballerfrauen. Wenn im Fußball eine neue Frau an der Seite eines Kicker-Millionärs erscheint, die sich als »Model«
bezeichnet, man sie jedoch noch nie auf einem Laufsteg
gesehen hat, ist meist klar: ein Mitbringsel vom letzten
Bordell-Besuch, oder ein nuttiger Fan, der sich nach unzähligen Matches besonders hartnäckig vor den Spielerka-
binen herumgedrückt hat. Nun will man aus der Dirne eine
ehrwürdige Dame machen und verleiht ihr nicht nur den
Titel eines Models: Sie bekommt als Statussymbole teure
Handtaschen und die schönsten Schuhe der Welt. Bis der
Sportflitzer auf sie überschrieben wird, muss sie sich allerdings erst ihre Lorbeeren verdienen ... Aber die Grundausstattung ist das, worauf sie einreitet, und was man ihr
um den Arm hängt. Das macht mehr her als die schönste
Eigentumswohnung!

Ich habe wohl nirgendwo im Leben öfter JA gesagt als im
Schuhsalon. Und es war jedes Mal bitter für mich, dort das
schwerste Wort der Welt auszusprechen: N-E-I-N!
    Mich persönlich macht Schuhkauf einfach glücklich.
Dafür habe ich sogar mein Gartenhaus umgebaut, um dort
ein Schuhlager zu eröffnen – schließlich bin ich seit 1980
Sammlerin von Luxusmodellen. Wo früher die Gartenwerk-
zeuge am Nagel hingen, befinden sich jetzt Regale hinter
Glas, denn Schuhe wollen staubfrei gelagert sein. Schließlich
wird der Straß sonst blind.
    Mein liebstes Stück: Maud Frizon, kennt keine Sau, aber
das Coolste, was es seit 1974 am Markt gab. Selbsthaftende
Netzstrümpfe, an denen unten schwarze, spitze Pumps dran-
hängen ... Kreisch!!! Stilettos mit eingebauten Fishnets!

Doch ich bin erwachsen geworden. Ich kaufe heute überwiegend Schuhwerk, das man außerhalb des Bettes tragen kann.

Was wir brauchen sind Strategien, um im Schuhparadies zu überleben. Schließlich sind Frauen dort genauso gefährdet wie spielsüchtige Junkies in Las Vegas!

Wechseln wir doch mal die Perspektive: Da jagen wir einen guten Geist, ein No-Name mit Namensschild, treppauf, treppab, um aus einem gruseligen Lagerraum Schachteln über Schachteln hervorzukramen, von denen es nur ein Bruchteil bis an die Kasse schafft; um dann vor uns auf die Knie zu gehen und uns das Gefühl zu geben, wir seien die hässliche Schwester von Cinderella. Die mit den Ballenfüßen und den Hammerzehen, die in keinen Pantoffel passt.

Schuhverkäuferinnen machen eine Menge mit! Falls diese Mission heute überhaupt noch als Beruf verstanden wird ... Ich rede ja hier nicht vom Shoppen im Sportcenter für Sneakers, wo der Fuß vermessen wird und Fußgewölbe, Spann, Rist, Sohle, Ballen, Ferse und Zehen unter dem medizinisch-sportlichen Aspekt der Federung betrachtet werden. Ich selbst entscheide bei Laufschuhen nur nach Muster: am liebsten Leo-Print oder poppige Knallbonbonfarben. Und ja, ich kaufe Laufschuhe, obwohl ich gar nicht jogge! Lasst mir gefälligst diesen Luxus!

Und als wäre die Abhängigkeit vom Schuhparadies in der City nicht genug an dysfunktionalem Klima, nein, so verfolgt uns der Schuhtick rund um die Uhr selbst noch an den einsamen Abenden, die wir allein mit uns selbst vor dem PC verbringen. Heute steht der Schuhlieferant 24/7 für uns parat! Von der digitalen Partnerbörse ist es nur einen

Mausklick bis zu den giftgrünen Stilettos aus Schlangenleder, die wir beim ersten Date tragen werden. Weil wir doch bei den Matching-Points beide Giftgrün als Lieblingsfarbe angegeben haben!

Zum leidigen Thema Online-Schuhhandel sage ich vehement:»NÖ, nicht mit mir!« Ich hab es ein paarmal ausprobiert, mir speziell zu einem Outfit die Schuhe im Internet zu bestellen ... um von da an meine gesamte Freizeit in Warteschlangen bei diversen Paketdiensten zu verbringen. War zwar nett vom Versand, die Sendung beim Nachbarn abzugeben. Nur leider ist der am Tag darauf für zwei Wochen verreist, sodass mein Event bei Erhalt der Ware längst vorbei war. Ein andermal wurde gar der Schuhkarton über den Gartenzaun geworfen und von dem Hund, den ich dummerweise in Pflege hatte, erst ins Gebüsch gestupst und dann angepinkelt.

Egal, möchte man meinen, auf den Inhalt kommt es an! Aber auch hier nur Enttäuschungen: Die Ware sah auf den Fotos top aus. Was ich dann in der Hand hielt, hatte damit leider nicht viel zu tun. Vor allem waren die Schuhe für Fotos konzipiert: gut auf Bildern, nett anzusehen, *pretty in pink*, aber tanzen konnte man in diesen Briketts nicht. Eine unflexible, steinharte Sohle und das Gesamtgewicht des Schuhs war wie ein Backstein. Die Dinger saßen nicht und passten nicht. Das habe ich ein paarmal mitgemacht und mein NEIN zum Online-Schuhkauf ist seitdem unumstößlich.

Perfektes Schuhwerk, das uns durchs Leben gleiten lässt wie ein schöner, stolzer Schwan, verschafft Selbstvertrauen. Erstaunlicherweise sind meine Lieblingsschuhe, also jene, mit denen mich eine Erfolgsstory verbindet, uralte, unverwüstliche Latschen. Alle meine wertvollsten Exemplare kommen aus der Vintage-Abteilung. Da ist einmal dieser klassische Pumps aus schwarzem Lackleder, in dem im Verlauf der letzten sechs Jahre Wärme und Schweiß meines Fußes ein eigenes Bett geformt haben, geradezu wie eine Fußspur im Sand. Oh mein Gott, und dann meine abgelatschten bordeauxfarbenen Collegeloafers, deren Oberleder so gebrochen ist, dass sie nonverbal die Botschaft vermitteln:»Leute, ich muss mich nicht beweisen, das haben nur die anderen nötig, ich bin cool, und zwar genau so, wie ich hier vor euch stehe!« Ganz zu schweigen von meiner Kollektion von Ballerinas! Einfach, simpel, flach wie ein Bügelbrett, passend zu allem, ob Skinny Jeans, Dirndl oder Cocktailkleid, die Innenseiten mit Spezialschaum gepolstert wie ein bequemer Sessel aus weichem Leder, sodass sich binnen kürzester Zeit der smarte Slipper wie maßgeschneidert anfühlt. Und vor allem: schmal! Ein schmaler Schuh für schmale Füße, mit dem es sich schlecht stolpern, trampeln oder schlurfen lässt. Dazu: jung, praktisch, beschwingt und bequeeeem!!! Unverzickt halt. Gefällt mir gut! Ob zum Dinner oder zum schicken Office-Look, ob in der Freizeit oder beim entspannten Cruisen durch die Clubs der Hauptstadt – die fabelhaften, hübschen Ballerinas und Loafers verdrehen mir komplett den Kopf! Sie passen zum kurzen Rock ebenso wie zu Folklore-Look, Dreiviertelhosen oder Hotpants. Message an alle Insta-Bitches: Mit flachen Schuhen siehst du genauso sexy aus wie mit Highheels!

Vor einiger Zeit habe ich mal wieder mein Schuhmuseum mit dem Straußenwedel abgestaubt und bin dabei auf längst vergessene Stilettos aus den 80ern gestoßen. Deren Absätze allerdings inzwischen morsch und wackelig waren.

Ich nahm die große Gartenschere, mit der ich die dicken Zweige meines alten Baumbestands und die Buchskugeln stutze – das Ding nennt sich *»Bypass«* und sieht richtig gefährlich aus. Und genau damit habe ich die Absätze unterhalb der Ferse abgeknipst. Im Nu hatte ich ein Paar neue Ballerinas. Zugegeben, die Passform sah etwas ungewöhnlich aus, weil die Schuhe sich vorne nach oben wölbten, als würde man bergauf gehen. Auf der Berliner Fashion Week haben die Hipster das für Punk gehalten.

Ich liebe meine selbstgemachten Ballerinas. Sie sind echt kreativ. Und ich verrate Ihnen, ganz *entre-nous,* dass man damit an jedem Berliner Türsteher vorbeikommt. Und welches NEIN fürchten wir mehr als das eines Bouncers? Sven Marquardt, das tätowierte Tier mit den goldenen Zähnen, wird sich gedacht haben:»Mit diesen abgefahrenen Flats tanzt die Alte die ganze Nacht durch!« Und dazu sage ich definitiv: JA!

Zum Schluss noch der Geheimtipp eines echten Berliner-Mauer-Kindes: Jede Clutch sollte mindestens die Größe von Flipflops haben. Denn das ist der eigentliche Sinn einer flachen Abendtasche. Wer in Berlin geboren und aufgewachsen ist, der weiß, dass man nie und nimmer am Morgen mit den Schuhen heimkehrt, mit denen man ausgegangen ist. Wenn die Party richtig gut wird und die Nacht es wert ist, gelebt zu werden, dann bist du im Club die Style-Queen, wenn du nach Mitternacht nichts als deine Flipflops trägst! Die Stilettos, mit denen du das Haus verlassen hast, spendest du dann eben irgendeiner verarmten Freundin. Denn damit sagst du den Kardashians:»Leute, ich bin eine Persönlichkeit – und habe Schuh-Peer-Group-Pressure gar nicht nötig. Mich liebt man auch in Havaianas!«

Heimat ist immer da, wo meine Flipflops sind. Zu der inneren Haltung, die sich mit Plastiklatschen für drei Euro automatisch einstellt, kann man einfach nur JA sagen: Peace, Love and Flipflops!

Und mal ehrlich: Haben wir nicht alle in diesen Dingern die glücklichsten Zeiten unseres Lebens verbracht?

15
NEIN zum
Schnäppchendelirium
oder
Shopping fiktiv

»Frauen denken immer nur an das Eine: Schuhe!«
Sowas kann nur ein Mann gesagt haben, der alle Frauen über einen Kamm schert.

Wenn wir auf unseren neuen Tussiletten einherfedern, dann geht der Kaufrausch nämlich erst richtig los! Was wissen schon Kerle, die bei den Anonymen Alkoholikern gelandet sind oder ihre Sexsucht therapieren, von nicht kurierbarer, multipler Suchtgefährdung? Den Männern wird bei diesen Anlaufstellen immerhin geholfen, ja, man nimmt sie ernst! Sie lernen, sich fernzuhalten von den Verführungen und werden therapiert, um ihren Lebensstil zu ändern, bis sie clean sind. Eine Frau im Schnäppchendelirium wird bestenfalls verhöhnt.

Das Leben als Frau ist ein einziger Spießrutenlauf über Tretminenfelder: Wir sind der Alkoholiker, der als Barman arbeitet. Wie um Himmels willen soll eine Frau also dem Kaufrausch entrinnen? Umzingelt von Shopping Malls, Einkaufsparadiesen, Fußgängerzonen, Schaufensterauslagen, Ladenzeilen, Flaniermeilen und Kaufhäusern können wir uns der Versuchung nirgends entziehen. Wir taumeln schutzlos von einem Schaufensterbummel zur nächsten Schnäppchenjagd und werden dabei nicht mal als notleidende Wesen, beziehungsweise als gefährdete Mehrheit erkannt!

Die Verführungen serviert man uns auf dem Silbertablett wie einen Haufen Koks auf einer Dinnerparty in Kolumbien. Somit sind wir gleich doppelt suchtgefährdet: Denn auch wenn wir gerade mal nicht shoppen, sind wir bestenfalls der trockene Alkoholiker, der eine Stelle als Sommelier antritt. Ein Rückfall ist jederzeit zu befürchten!

Ob am Bahnhof, Flughafen oder auf dem Kreuzfahrtschiff, überall lauert schon das Schnäppchenbüfett, nach dem wir so süchtig sind. Und selbst wenn wir zu Hause bleiben, werden wir mit Onlinewerbung zugedröhnt, die uns, nach individuellen Vorlieben vorgefiltert, per Mausklick sofortige Befriedigung verschafft.

Das Tröstliche: Bei all den Ressentiments, die wir haben, wenn wir zu unseren Kollegen oder Freunden »NEIN« sagen, richtet sich beim Shoppen das standhafte »NÖ« eigentlich nur gegen uns selbst. Wir verletzen damit keinesfalls die Gefühle anderer. Somit bietet ein Einkaufsbummel die perfekte Übungseinheit für Fortgeschrittene, um sich die JA-Sagerei endgültig abzutrainieren.

Letztlich arbeiten wir daraufhin, der Barmann zu werden, der die Drinks mixt, ohne selbst daran zu nippen. Therapieren uns also selbst, um gestählt und beinhart dem Schnäppchendelirium zu entkommen. Autoaggressive NEINs sind doch das Allerbeste! Wir haben beim NEIN zu uns selbst weder Disput noch Widerspruch zu befürchten. Und lernen uns dabei sogar besser kennen.

Gehen wir also einen ähnlich harten Weg, wie der Fettwanst von Nebenan, der am Ende erschlankt mit Waschbrettbauch vor uns steht. Natürlich nur, weil er wie ein Mantra so oft nonstop NEIN zu sich und anderen gesagt hat, dass er 100 Kilo abspecken konnte. Es ist glasklar: Ohne das Wort NEIN im Dauermodus wäre das nicht möglich gewesen. Und das schaffen Sie auch!

Als Einstieg starten wir gleich mal ein brillantes Experiment: Gestalten Sie Ihren Tag mit »mentalem Shopping«, ohne tatsächlich irgendetwas einzukaufen.

Ja, das erinnert zwar an den schalen Beigeschmack eines permanenten Coitus Interruptus, aber Therapie und Training jeglicher Art findet nun mal außerhalb der *comfort zone* statt!

Wie beim Tantra-Sex dürfen wir beim mentalen Shopping nur schauen und den Appetit anregen ... um dann mit einem gestrengen NEIN zu uns selbst den Verzicht zu üben. »Shoppingfasten« halt. Aber wenn wir brav waren, gibts dafür auch ein Eis!

Klar, die Kaufsucht hat uns fest im Griff, weil ihr Netzwerk alles umspannend ist. Da hat die Werbebranche gemeinsam mit den Konzernen und der Industrie wahrlich ganze Arbeit geleistet. Das Hirn hat man uns ordentlich gewaschen:

Wir brauchen zum Schuh natürlich noch dringend eine passende Handtasche. Und wenn wir eine neue Handtasche haben, brauchen wir dringend einen separaten Beutel. Was im Schaufenster schaukelt und glitzert spricht zu uns, sagt mit samtener Stimme: »Nimm mich mit, denn du bist eine wunderschöne Prinzessin, und wir passen perfekt zusammen!« Und wir springen darauf an, weil die Präsentation in Rosarot die richtigen Knöpfe drückt!

Weil wir aber ab heute im Bootcamp dressiert werden, versagen wir uns den funkelnden Mädchenbeutel mit den rosa Marabufedern per gestrengem NEIN, adressiert an uns selbst!

Und das ist gut so, denn hätten wir den Beutel unseres Herzens entdeckt, würden wir bemerken, dass uns ein Rucksack fehlt. Und siehe da, in der nächsten Auslage winkt uns auch schon ein sportliches Modell zu – und um 30 % reduziert! Zusätzlich brauchen wir noch eine Strandtasche für den Urlaub, und natürlich eine Clutch. Die ist aber noch kein Ersatz für eine elegante Abendtasche. Da könnte man direkt auf Etui umsteigen. Ein Kroko-Etui. Oh Gott, wer jetzt nicht NEIN sagen kann, hat schon einen Luxusurlaub verballert, und das in nur 20 Minuten im Handtaschenparadies!

Aber nicht mit uns: Mit kühlem Kopf schalten wir den Verstand ein und kommen zu einer vernünftigen Erkenntnis: Es fehlt uns wirklich an einer qualitativ hochwertigen Designertasche für den Alltag. So eine richtige Investment-Bag, also eine, mit der man sich als Karrierefrau sehen lassen kann, die gehört ja heutzutage zur Grundausstattung. Die bringt man quasi als Wertgegenstand mit in die Ehe ein. Was einst die Hochzeitstruhe der Braut, also die Aussteuer für den Hausrat war, findet sich heute im Wert einer einzigen Handtasche, wahlweise von Tod's, Gucci, Prada oder Hermès.

Nur, dass dieser Klassiker wiederum nicht als Shopper taugt! Ohne den kommt man einfach nicht aus, nach dem halten wir natürlich auch noch Ausschau. Und bei der Gelegenheit stolpern wir über eine herabgesetzte Ferientasche zum Schnäppchenpreis ...

Jetzt hätten wir im realen Leben schon genau so viel ausgegeben wie ein Mann für seinen neuen Porsche! So hätte der Vormittag dem smarten Couple mal eben 250.000 Euro aus der Tasche geleiert. Aber wir, wir trainieren heute hart und sagen zu uns selbst verdammt nochmal monologisch NEIN!

Ach Mensch! Mit der selbstauferlegten Askese wächst auf wundersamerweise unser Appetit auf Schokolade. Aber nix gibt es, gar nix, denn wir sind grade erst warm gelaufen bei unserem Shopping-Entzug ...

Jetzt fällt uns ein – oh Schreck! – wir besitzen ja noch gar keine Hüte! Ein Eldorado für Ladys zwischen Sammel- und Shoppingwahn, eine Sucht, bei der sich gutbetuchte Härtefälle ein Stelldichein geben. Was man nicht alles zur Grundausstattung als Dame von Welt braucht:

Sonnenhüte, Kappen, Mützen ... was Neckisches für die Galopprennbahn ... Wagenräder für Hochzeiten, Schlapp- hüte, Turbane, Regenhauben, Filzhüte, Fellkappen ... Jagd- hüte ... Borsalinos, Kreissäge, Damenglocke, Zylinder, Dreispitz, Florentiner, Panamahut, Westernhut, Chapeaux Claque ... Wer die edle Sprache der Kopfbedeckung nach alten Riten, Regeln, Traditionen und Ritualen beherrschen will, muss eben gut ausgestattet daherkommen. Wer da also als *Grande Dame* und höchst wohlgeformte Kundin bei namenhaften Modisten auf der Matte steht, ist bereit, sich seinem Schicksal zu ergeben wie ein Truthahn, der erst ordentlich ausgenommen und dann mit Gewalt gestopft wird. Glauben Sie mir: Ein einziger bescheidener Fascina- tor genügt als Einstiegsdroge! Der Fascinator ist praktisch der Gratisjoint, den der Dealer einem auf dem Schulweg schenkt. Wehe dem, der ein Hutgesicht hat ... Was als klei- ner, feiner Fascinator noch harmlos daherkommt, artet in Windeseile zur wuchernden Leidenschaft aus. Schnell wird an die große Seidenblume noch ein zarter Schleier montiert, aus feiner Spitze, die mit flatternden Federn korrespondiert, und plötzlich erwischt man sich des Nachts im Bette liegend, von gewagten Hutkreationen träumend. Stile, Nuancen, Designs, Looks, Epochen, Stimmungen – alles wird kunstvoll als Stillleben inszeniert und schmeichelhaft auf dem Haupthaar platziert.

Bis es einen auf die Trabrennbahn zieht ... das ist quasi der Trip eines Junkies zum Burning-Man-Festival. Ab jetzt ist Polen offen und wir befinden uns inmitten einer Orgie der Extravaganz. Über Ascot möchte ich an dieser Stelle nicht einmal sprechen – das ist ja Hut-Porn pur!

Bald wird man ein Außenlager anmieten müssen, um fein säuberlich in Seidenpapier verpackt die Hutschachteln nach Saison sortiert zu deponieren. Laufende Kosten also, um die edle Ware zu horten. Aus der anfänglich harmlosen Liebe zu schmucken Hutkreationen wird schnell ein Laster! Ein schmutziges Hobby, dem man, gleich der Spielsucht, Haus und Hof opfern kann.

Junge Mädchen erliegen den Verlockungen der Hut-Couture, da diese aus ihnen selbstbewusste, elegante Damen macht; alte Weiber sind dem Modisten hörig, weil er mit seinen Kreationen dem erschlafften Antlitz schmeichelt. Der Nachteil an Mode ist ja, dass oben der Kopf rausschaut. Mit perfekten Hutkreationen lenkt man geschickt von der Visage ab. Man betont die Vorzüge und vertuscht die Nachteile. Hüte verleihen Persönlichkeit, unterstreichen den Charakter, machen eine schöne Frau noch schöner und wollen mit Stolz getragen sein. Sie sprechen eine eigene Sprache. Sie sind eine noble Form nonverbaler Kommunikation.

Handtaschen sind vom Wert her dagegen pure Anfängerware! Gegen eine Kundin, beziehungsweise Patientin, die ihrem Modisten erlegen ist, weshalb sie die Hüte eines, sagen wir, Philipp Treacy hortet, mutet die Lust auf Handtaschen völlig harmlos an. Es ist so, als vergleiche man einen harmlosen Joint mit Crystal Meth. Die Handtasche ist quasi der Lockvogel, um uns anfänglich ins große Karussell endlosen Luxuskonsums einsteigen zu lassen.

Aber wir entkommen diesem ganzen Irrsinn! Nicht etwa, weil wir arm sind und nicht mithalten können, sondern weil wir heute auf Shopping-Nulldiät sind und gelernt haben, NEIN zu uns selbst zu sagen. Schließlich gibts zur Belohnung ein Eis mit Sahne!

Nur der unbedarfte Naturbursche möchte an dieser Stelle meinen, mit den Versprechungen von Taschen, Schuhen und Hüten sei ein echtes Frauenzimmer zu befriedigen. Oder ausgelastet. Wie bitte? Wir haben ja noch nicht mal Lippenstifte besorgt, Lidschatten und Wimpern, Parfums, Puder, Rouge, Make-up und ewige Jugend garantierende Anti-Aging-Produkte. Bei Douglas gibt es Premiummitgliedschaften, da verdienen wir uns Abzeichen und Orden, wenn wir nur ordentlich zuschlagen. Wir *würden* uns zumindest derlei Auszeichnungen verdienen, wären wir nicht auf Entzug und hätten heldenhaft gelernt, NEIN zu sagen.

Weil wir hart sind, liebäugeln wir jetzt sogar mit den Auslagen von Victoria's Secret und betreten – kein Wunder, bei unserem heutigen Trainingspensum! – gierig und ausgehungert den Dessousladen. Für den Shopping-Junkie ist das hier quasi Crack! An diesem Punkt haben wir jeden Naturburschen bereits in die Flucht geschlagen und halten Ausschau nach Partnern, die das Gesicht eines wandelnden Scheckbuches haben.

Ich werde Ihnen verraten, was das Geheimnis von Victoria's Secret ist: Dass man weitaus bessere Ware in einem Laden bekommt, der Agent Provocateur heißt!

In der Ankleidekabine, allein mit 1.000 Push-up-Bras, Thongs, Strings, Tangas, Bodys, Reizwäsche-Sets von Spitze bis Latex, findet der Tag unserer Shopping-Abstinenz ein Ende. Ein besonders glorreiches noch dazu, wenn wir – wie wir bereits gelernt haben – der charmanten Verkäuferin im Hinausrauschen zulächeln und sagen: »Ich konnte mich leider heute für nichts entscheiden!«

Während eines realen Schlussverkaufes hätte man den Laden mit derart vielen Tüten beladen verlassen, als würde man ein ganzes Bordell ausstatten wollen. Weil wir aber nur geschaut, geschnuppert und fleißig das NEIN-Sagen trainiert haben – fast haben wir schon Muskelkater – gibt es jetzt endlich einen zweiten dicken, fetten Eisbecher.

Gut, man mag vielleicht glauben, dass nach so einem Tag des fiktiven Shoppings die Schränke voll seien und die Dame von Welt bestens ausgerüstet ist mit Fummeln und modischen Accessoires. Mag sein. Aber auf dem Heimweg kommen wir am Baumarkt vorbei. Und dort ist heute Frauentag. 50 % – auf *alles!*

Die sollten sich auch dringend umbenennen, diese Do-it-yourself-Center, denn neben Badewannen, Klodeckeln, Bohrern und Schrauben findet sich hier ein Rundum-Angebot, das einen direkt in eine weitere Sucht einsteigen lässt: Blumen, Kochbücher, Deko-Schnickschnack, von Fröschen, Plastikschwänen, beleuchteten Flamingos und Teichanlagen bis hin zu Kunstblumen, Bastelmaterialien, oder gar Haustiere, Volieren und aufklappbaren XXL-Swimmingpools! Hauptsächlich bietet das Center aber verderbliche Ware, da können, müssen, sollen wir gleich nachkaufen, wenn die Flora saisonal bedingt vergeht oder die Fische in der verschlammten Teichanlage erwartungsgemäß früh das Zeitliche segnen.

Alleine schon im Gartencenter – was ja lediglich eine von unzähligen Baumarktunterabteilungen ist – können wir das monatliche Budget in ein bis zwei Stunden locker verpulvern, wobei der Einzelpreis der Töpfe, Pflanzen und des Saatguts gar nicht mal so hoch anmutet, aber wer kauft für seinen Garten schon drei Tulpenzwiebeln? Hier gilt klar: *Die Masse macht's!* Sacken wir alles ein, bis die Karre voll ist – es geht schließlich darum, was daheim unseren Lieben zur Freude gelangt, denn ja, wir denken hier gar nicht an uns selbst, sondern an die Familie!

Die Ladefläche unseres SUV wäre heute bereits randvoll gestopft, hätten wir nicht einen Marathon des NEIN-Sagens durchgestanden. Nun sind wir echte Hochleistungssportler geworden! Wir haben nichts ausgegeben, keine Kreditkarte gezückt, und wir sind nicht einer einzigen Verführung erlegen. Wir haben bei unserer mentalen Shoppingtour eisern widerstanden. Das nächste Mal üben wir auf der Art Basel, bei den alten Meistern im Auktionshaus Christie's, betreten Bulgari und Cartier, lassen uns Colliers anlegen und sagen dann hocherhobenen Hauptes: »NÖ! Sieht ja nett aus, aber muss nich' sein! Hab ich schon …«

Was hat uns der Shopping-Entzug gebracht? All dieses Appetitholen woanders, ohne dass abends daheim gegessen werden darf?

Ich sag's Ihnen: Ohne dabei andere Menschen abzuweisen, war dieses Experiment eine Kür im Grenzenziehen. Denn das ist es, was ein NEIN bewirkt. Wir haben das Terrain abgesteckt und mit alten Gewohnheiten gebrochen. Allzu gerne hätten wir uns ruiniert für Handtaschen, Schuhe, Dessous und Luxusartikel ... da müssen wir gar nicht erst auf die Kunstmesse nach Miami, um die Millionen zu verpulvern. Die Grenzen, die wir mit dem Marathon-NEIN an uns selbst erprobt haben, weiten wir nun im nächsten Schritt auf andere aus.

Und – iiih, bewahre! – die Sorge, mit einem NEIN irgendwen, oder gar eine fremde Verkäuferin zu verletzen, ist doch auch nur ein Alibi. In Wirklichkeit scheren wir uns weniger um die anderen, als um unseren eigenen Ruf!

Diese Methode des »mentalen Shoppings« lässt sich auf alle nur denkbaren Situationen anwenden, die verführerisch sind. Was Sie so ausdauernd beim Shoppen trainiert haben – nämlich, sich abzugrenzen und knallhart NEIN zu sagen – können Sie mühelos auf ähnliche Zwangslagen in anderen Bereichen übertragen.

Und jetzt gönnen Sie sich endlich die verdiente Belohnung! Sie haben nach dem Stöbern den Laden verlassen, ohne etwas gekauft zu haben. Der mentale Einkaufsbummel ist damit beendet, also können wir uns stolz auf die Schulter klopfen und sagen: »Fünftausend Euro gespart! Nach so viel Shoppingdiät haben wir uns jetzt eine ordentliche Belohnung verdient. Wie wär's mit einer Kaffeepause?«

Die begabtesten meiner Schüler hauen sich jetzt aber keine Schwarzwälder Kirschtorte auf die Hüften, sondern würzen das Ganze mit einer Prise Raffinesse: Bestellen Sie sich an dieser Stelle keinen weiteren Eisbecher, sondern öffnen Sie stattdessen eine Flasche Prosecco! Denn ausstaffiert mit Ihrer besten Handtasche, hohen Hacken, flachem Bauch und auftoupiertem Haar wird ihr Ego mittlerweile so groß sein, dass es an die Decke stößt!

16
NEIN zum Beauty-Wahn oder
Hello, Doctor! –
der Rettungsanker
für lauwarme Celebrities

Dank der Bereitschaft des arg kämpfenden und vom Untergang bedrohten Privatfernsehens, wirklich jeden Mist zu senden, solange er einen Funken Aufmerksamkeit generiert, und der ständigen Verfügbarkeit sozialer Informationskanäle wie Facebook, YouTube etcetera pp, ist es leicht wie nie geworden, als lauwarme Celebrity Berühmtheit zu erlangen. Es genügt vollkommen, wenn man sich chirurgisch zurechtschnitzen lässt und als verpfuschtes Alien den Gesetzen des Marktes folgt.

Sie wollen ein Z-Promi werden? Sagen Sie einfach JA zu ihrem Doc! Anschließend wandern sie aus. Machen irgendeinen Unsinn und laden dazu das Fernsehen ein. Dann brauchen Sie sich nur noch Autogrammkarten drucken zu lassen und schwupps, schon haben Sie einen Job auf der Venus-Erotikmesse in Berlin. Kreischende Tucken mit Lipgloss und Glitzer-Handtasche werden Ihnen töhlend zu Füßen liegen, um sich im Blitzlichtgewitter der Spanner an Sie ranzuhängen und hernach das gefilterte Material auf allen Kanälen zu posten. Im Nu werden Sie mit der neuen

Elf-Zentimeter-Taille und den angeschraubten XXL-Melonen auf 250.000 Likes verweisen können.

Am besten lassen Sie sich gleich mit einer flauschigen Katze auf dem Arm ablichten – damit holen Sie nicht nur die Insta-Fans, sondern auch noch die Katzenmuttis ab. Und dann sind auch Sie ein Star! Was will man mehr?

Wenn Sie jetzt mit dem Chirurgen einen Deal machen und sich öffentlich zu seiner Holzschnitthandwerkskunst bekennen, drechselt er für Sie sogar gratis: eine Win-Win-Situation für beide Seiten. Und umso skurriler und grotesker das Endergebnis seiner Eingriffe, desto größer Ihre Publicity. Das ZDF wird bei Ihnen anklopfen, der Weg ins Big-Brother-House ist frei und der MDR rückt einen Plattenvertrag raus.

Aber mal ehrlich: Eine lauwarme Celebrity zu sein, hat jegliche Exklusivität verloren. Früher gab es das Panoptikum, heute gibt es das *OK Magazin*! Und seit Frankenstein hat sich viel verändert: Was früher ein Horrorfilm war, gilt heute als erstrebenswert und taugt zur lockeren Nachmittagsunterhaltung.

Uns Kindern der 1960er-Jahre wurde vermittelt, das innere Schönheit wertvoller ist als oberflächliche Äußerlichkeit. Darauf läuft doch jegliche Religionserziehung hinaus: *Das Schlechte muss raus, das Gute muss rein.* Charakterbildung hat oberste Priorität und stellt äußere Begehrlichkeit weit in den Schatten. Bescheidenheit, Demut, Barmherzigkeit sind die erstrebenswerten Eigenschaften, die uns als nobles Wesen auszeichnen und vor Gott vervollkommnen. Sie sind für einen Großteil der Gesellschaft von Morgen aber leider nur leere Worthülsen. Wäre es nicht eine großartige Gelegenheit, zu dieser moralischen Fehlentwicklung NEIN zu sagen?

Was medial heute gefragt ist und Ruhm verschafft, galt einst moralisch als Todsünde: die Eitelkeit! Inzwischen gilt Eitelkeit als oberste Tugend. Wir sollen JA sagen zu Selbstverstümmelung und Charakterlosigkeit. Die Persönlichkeit muss weggefeilt und minimiert werden, sodass eine grob gezeichnete Schablone übrigbleibt, die dem Zuschauer als Projektionsfläche dient.

Fakt ist: Mit Eitelkeit lässt sich Geld verdienen. Mal ehrlich, ungeschminkt im grauen Nonnengewand bist Du aus dem Rennen. Bekommt eine Frau das Kompliment, sie sei »intelligent«, dann beinhaltet das auf taktvolle Weise die Botschaft: »Beim Wettkampf um Schönheit leider ausgeschieden«.

Mich nannte man mit mildem Lächeln bestenfalls »apart«! Nur noble Charaktere und gebildete Menschen entdeckten die innere Göttin in mir. Ich musste definitiv hart an mir arbeiten, um meine äußere Schönheit der inneren anzupassen. Besonders hart habe ich daran gearbeitet, meinen Sex-Appeal aus der hintersten Schublade hervorzukramen und ihn im gut beleuchteten Schaufenster gewinnbringend auszustellen. Aber ich habe mir nichts abschneiden lassen und bezeichne mich deshalb immer noch als »natürlich geblieben«.

Wenn man mich unverschämter Weise nach dem Alter fragt, sage ich jetzt immer: »Ich bin 39 plus Mehrwertsteuer.« Es ist eine der sittenwidrigsten Unarten unserer Zeit, dass man als Dame überall aufs Alter angesprochen wird. Und es ärgert die Leute, dass ich – wie man früher gesagt hätte – zeitlos schön und alterlos bin. Wie ein alter Wein werde ich mit den Jahren immer attraktiver. Das gelingt natürlich nur, weil die Trauben von Hause aus erstklassig sind.

Ich habe ja Kolleginnen, die tragen inzwischen ihre Kaiserschnittnarbe als Halskrause. Also dazu sage ich NEIN!

Aber dennoch: Ich möchte keinen Tag jünger sein. Ich halte es für wesentlich besser, 55 zu sein und wie 55 auszusehen, als 28 zu sein und auszusehen wie eine aufgeblasene, deformierte Kröte.

Womit wir wieder bei den lauwarmen Celebrities wären. Das Schönheitsideal von heute ist ebenso facettenreich wie die LGBTQ-Community. Früher kannte man nur drei sexuelle Orientierungen: heterosexuell, homosexuell und Volksmusikkünstler. Heute gibt es eine Vielzahl sexueller Orientierungen. Wie beim À-la-Carte-Menü kann man sich entscheiden zwischen bigender, demisexuell, heteronormativ, Dyke, Fag, Drag, pansexuell, gender binary, oder pro-maskulin-non-binary. Was alle in diesem bunten Strauß der sexuellen Vielfalt vereint, ist das Streben nach Selbstoptimierung.

Wir wollen uns verbessern und unserem persönlichen Ideal möglichst nahekommen. Niemand schaut morgens in den Spiegel und fragt sich: »Was kann ich tun, damit ich mich heute in eine hässliche alte Eule verwandele?« Glauben sie mir – das haben sich nicht mal jene gefragt, die als hässliche alte Eule bekannt sind.

Alle Optimierungsmaßnahmen drehen sich um Enthaarung, vollere Lippen, Faltenfreiheit, dicke Wimpern, dickes Haar, dicke Augenbrauen, lange Fingernägel, dicke Brüste, schmale Taille, schlanke Beine und möglichst wenig Gewicht. Doch was nützt es, wenn die Beine krumm sind, der Hals nicht vorhanden, die Augen klein und schief sind, der Gang klobig ist und das Becken so breit wie eine Waschmaschine? Allein das Gesamtbild und die Persönlichkeit machen uns liebenswert und sympathisch. Mit oder ohne Fettschürze. Eine Schreckschraube kann man genauso gut sein, wenn man faltenfrei und langbeinig ist. Schaut euch Lindsay Lohan an. Oder Courtney Love.

Und jemand, der ein großes Herz hat, eine urige Type, eine Seele von Mensch ist, der ist doch durch nichts aufzuwiegen. Die Welt ist kein Laufsteg – und der ist eh nur eine Illusion!

Aber bleiben wir bei uns in deutschen Landen, da sind lauwarme Celebs rustikalerer Natur. Was in den USA noch fein ziseliert daherkommt, begegnet uns daheim eher deftig nach »Hausmacherart«. Nicht auszudenken, wie Angela Merkel aussehen würde, müsste sie jeden Morgen im braunen Faltenrock, Wollmütze und gestepptem Anorak mit dem Interregio aus Teltow an ihren Arbeitsplatz als Physikerin nach Mitte tuckern. Wäre sie nicht Staatsoberhaupt, hätte niemand die Bundeskanzlerin jemals beim Tanztee aufgefordert – außer vielleicht Kerstin Ott! Bei der gibt es ja auch immer was zu lachen. Man erinnere sich an ihren Hit *Die immer lacht*.

Gott sei Dank ist die Kanzlerin als weibliches Oberhaupt der Bundesrepublik Deutschland von einem ganzen Stylingteam umgeben, welches sie auf Schritt und Tritt begleitet, pudert, onduliert, toupiert, föhnt, kaschiert und rasiert. Was wir letztlich sehen, ist ein stabiles Brauereipferd, das zum Rassepferd hochgetuned wurde und sich inmitten der Hengstparade als Machtmaschine präsentiert. Und Angie ist durchaus eitel! Hat sie doch im Kanzleramt eine Maskenabteilung einrichten lassen, in der sie jeden Morgen um Viertel nach sechs vom Stuckateur erwartet wird.

Der große Vorteil, der Angies Typ innewohnt, liegt darin, dass bei ihr keinerlei Äußerlichkeiten von den hohlen

Inhalten und leeren Phrasen ablenken. Sie hat inzwischen ihre Botschaften auf ein Minimum reduziert, sodass der Output sowohl optisch als auch inhaltlich dürftig ist. 50 Shades of Beige, sage ich nur! Damit widerlegt sie die Theorie, dass Erfolg sexy macht. Angie hat sich in ihrem Leben deutlich entschieden: Sie hat NEIN zu Oberflächlichkeit und Anpassung an äußerliche Vermarktungsstrategien gesagt. Sie trägt lieber trittfestes Schuhwerk und die alten Mäntel von Helmut Kohl, als dass sie einen auf Püppchen macht.

Betrachten wir in Sachen Optik, Optik, Optik doch mal das andere Ende der Skala: Bei Emmanuel Macron läuft es diametral umgekehrt. Ich kann dem Mann gar nicht zuhören, ich habe noch nie verstanden, was er sagt, weil ich mich eigentlich umbringen möchte, da ich nicht mit ihm verheiratet bin. Ich liiiiiiiiiiebe Emmanuel Macron. Und ich möchte ihn heiraten, obwohl ich ihn nie kennengelernt habe und nur seinem Image verfallen bin. Er ist mein Spindposter-Toy-Boy. Es ist ein Mann, zu dem ich rundum JA sagen würde.

Er erinnert mich an das, was der richtige Mann in einer Frau zum Schwingen bringen kann. Nämlich, dass der Verstand aussetzt und man einfach anbetend niedersinkt. Und dienen möchte. Ja, das ist möglich – auch bei mir. Ich würde mich gerne hinknien und ihm die Pantoffeln anziehen, wenn er des Abends nach all der schweren Arbeit heimkommt. Das größte Stück Fleisch bekäme *er,* und unsere Kinder würden scharfgescheitelt, in korrekter Haltung und akkurat gekleidet bei Tisch sitzen und brillante Konversation mit Papa machen. Auf Französisch! Ach, wie würde ich mich selbst toll finden in dieser Rolle. Wir würden in blau-weiß gekleidet mit dem Fahrrad durch die Provence radeln und Lavendel pflücken.

Es war immer ein großes Mysterium der Medienwelt, auf welchen Typus Mann ich eigentlich abfahre ... und wie konnte ich ihn auch beschreiben, wenn es keine prominente Vorlage gab? Aber nun gibt es, Gott sei Dank, Emmanuel! Er deckt bei mir alles ab, was ich mir von einem Mann erträume. Ich stehe nämlich auf Männer, die zwischen beiden Ohren ein seltenes Organ haben, welches man gemeinhin als Hirn bezeichnet. Und Macron hat einen großen, sehr großen, von Intelligenz geprägten Charme. Er ist zivilisiert gekleidet, hat Manieren, schöne Hände, wollte Schauspieler werden, was Fantasie und ein großes Herz vermuten lässt, er hat Humor, liebt das Theater, und ich kollabiere, wenn ich ihn ansehe. Die Grundvoraussetzungen für eine Ehe wären somit bei mir gegeben.

Seine Körpergröße wäre mir völlig egal. In der Mitte trifft man sich immer. Ich würde zu ihm aufsehen, obwohl er kleiner ist als ich. Er würde mich in meinem Seidenkleid auf hohen Hacken, die 1.500 Euro gekostet haben, bewundern und behandeln wie eine Dame. Wir würden eine glückliche Ehe führen und er würde anderen gegenüber von mir als »Madame« sprechen. Wenn ich einen neuen Hut von Philipp Treacy trage, wäre er begeistert und würde anstandslos die 3.000 Pfund dafür überweisen. Ich wäre garantiert die beste Ehefrau von allen. Ich würde von früh bis spät JA zu meinem Darling sagen.

Ein bisschen träumen darf man ja wohl, oder?

Eigentlich muss ich wegschauen, weil es im Herzen zieht, wenn ich Monsieur Macron betrachte. Ich könnte ja nicht mal für ihn arbeiten. Im Nu hätte ich eine #MeToo-

Kampagne am Hals. Wäre ich seine Sekretärin, ich würde automatisch Stift und Block fallenlassen, sobald er das Zimmer betritt. Ich würde den Terminkalender so gestalten, dass unser Leben prinzipiell auf Überstunden bis tief in die Nacht ausgerichtet wäre. Geschäftsreisen würden grundsätzlich von Donnerstag bis Sonntag stattfinden, und zwar mit Unterbringung in weitläufigen, schalldichten Suiten mit Verbindungstür und dickem Teppichboden. Ich würde bei Emmanuel zu gar nichts NEIN sagen! Ich würde zur JA-Sagerin mutieren. Ich hätte dieses Buch gar nicht mehr schreiben können. Ich würde andere Bücher schreiben. Romantische Liebesschnulzen wahrscheinlich.

Erschwerend käme noch seine innere Haltung hinzu: diese Aufrichtigkeit und Souveränität, zur Liebe seines Lebens zu stehen, wenngleich sie 24 Jahre älter ist und seine Klassenlehrerin war. Sowas können nur die Franzosen! *Le plaisir d'amour* vom Feinsten ... Hiiilfe!

Soll so ein Mann seine krumme Nase begradigen lassen? Der Zauber wäre futsch! Die Magie wäre flöten ... Doch leider sitzt die Generation lauwarmer Celebrities dem Irrtum auf, Schönheit ließe sich durch chirurgische Schnitzerei erzwingen. Tut sie nicht! Doch dieses NEIN ist leider noch nicht in der Mitte der Gesellschaft angekommen.

Okay, Botox lasse ich gelten, aber den Rest könnt ihr vergessen: Es gibt nichts, was 30 Jahre Ehehölle ausbügeln kann.

Natürlich gibt es Fälle, wo sich eine Ehe lohnt und auch ich nicht NEIN sagen würde: Nehmen wir Meghan Markle und Prinz Harry. Das Sternchen aus L.A. hat einen Mann aufgetan, dessen Familie England, Irland, Schottland, Wales, Kanada, Australien und Neuseeland gehört. Ich hingegen, ich würde ja schon ein gerupftes Huhn vögeln für Cottbus. Und Maggie hat sich auch nicht den dicken Leberfleck an ihrer Oberlippe weglasern und die eigentümliche Markle-Nase begradigen lassen. Sie strahlt als das, was sie ist: Nur so gibt man der inneren Aura eine Chance. Ein Skalpell hätte genau diese Aura zerschreddert.

Komischerweise ist den lauwarmen Celebs zu eigen, dass sie sich nicht nur zurechtschnippeln und neu zusammentackern lassen, sondern ihren Rohbau dann auch noch mit schwarzbläulicher Tinte bemalen lassen. Früher wurde Graffiti an eine abgerockte Hausfassade gesprüht, heute dient die eigene Haut als Leinwand. Haben sie letztens mal den Hintern von Cher gesehen? Die Tattoos sind 30 Jahre alt und sehen aus, als hätte sie sich mitten ins Dorf der Schlümpfe gesetzt. In einem jüngst erschienenen Artikel in *Psychologie Heute* (ja, dachten Sie etwa, ich lese nur *Vogue* und *Harpers Bazaar*?) wird das Phänomen der Body Art, das mit der Sucht nach OPs und Ganzkörper-Tattoos einhergeht, analysiert: Die beschrifteten und bedruckten Körper wollen wahrgenommen und abgescannt werden, wie es ein Kartenleser an der Supermarktkasse tut. Der Scanner sind wir. Wir sollen die verschlüsselten Botschaften aufgreifen, die uns sagen, wie die Trägerin wahrgenommen werden will. Was im Grunde recht einfach ist: Meist zielen voll durchtätowierte Starlets darauf ab, als Huren, Junkies und Alkoholiker zu gelten. Sie wollen wie ein williges Motorradluder wirken. Als Biker-Bitch rüberkommen, die einen abgefuckten alten Rocker dazu einlädt, es ihr auf dem Tank seiner Harley zu besorgen. Nach dem Motto: »Jungs, mit mir könnt ihr das machen. Und ich trag auch keinen Schlüpper!« Aber genug über Sophia Thomalla.

Okay, das wissenschaftliche Magazin hat nicht ganz mein Vokabular verwendet, aber es hätte es tun können: Am Endergebnis der Studie hätte sich nichts geändert. Ein buntbedruckter Körper vermittelt immer das Image von Sex, Drugs and Rock'n'Roll. Körperkunst ist eine individuelle Werbefläche und promoted den Träger als das, was er sein möchte: ein scharfer Feger, ein geiles Luder, eine devote Motorradbraut, eine läufige, promiske Stute, die es für ein Bier macht. Siehe Gina-Lisa Lowfuck. Die hat ja mit ihrer gepiercten Zunge bei Micaela Schäfer feucht durchgewischt, frei nach dem Motto: Ich bin nicht lesbisch, aber 20 Euro sind 20 Euro! Man erzählt sich in der Berliner Clubszene ja, die Zunge von GL-Lowfuck sei arg rostig ...

Der Artikel in *Psychologie Heute* hat auch bestätigt, dass die Body-Art-Schlampen nicht promisker und nuttiger sind als all die untätowierten Schlampen. Außer natürlich Sophia Wollersheim. Erstaunlich eigentlich, denn wenn der Hell's-Angels-Brautlook nicht zu mehr führt als zu einem biederen Lebenswandel, warum macht man es dann überhaupt? Anscheinend bringt der kotzende Teufel quer über dem Oberarm doch nicht so viel Spaß, wie man dachte?

Ich für meinen Teil hätte viel zu viel Sorge, wie ich den Tattoo-Schmuck, der mir in einer gewissen Lebensphase etwas bedeutet haben mag, wieder loswerde, wenn ich mich weiterentwickelt habe. Wohin mit der Reproduktion von Picassos »Guernica« auf meinem Rücken, wenn ich mich zehn Jahre später mehr für die Impressionisten interessiere? Was wird aus der Nixe respektive Seejungfrau, die quer über meinen Oberschenkel auf einem Hammerhai einhergeritten kommt, wenn ich plötzlich im Alter auf Blümchentapete, Antiquitäten und Operette abfahre? Wer arbeitet mein keltisches Band am Oberarm zu einem Notenschlüssel um? Was, wenn das Teddybär-Tattoo am Unterbauch längst zur Giraffe geworden ist? Kann jemand dieses Tattoo retten und aus dem verzerrten Teddy vielleicht »Der Schrei« von Edvard Munch stechen?

Wohin mit all den Piercings, wenn bei den losen Ludern erst die Löcher ausleiern? Die Hardware zu entfernen ist wohl der erste Schritt, aber wie lange muss man abwarten, bis so ein Loch sich schließt? Wer lange so ein dickes Bauchnabelpiercing hatte, wird sich nach dessen Entfernung in Geduld üben und so mancher Frage stellen müssen. Ganz zu schweigen von dem Durcheinander, das entsteht, wenn bei einer Bauchdeckenstraffung der neue Nabel künstlich angelegt und naturgetreu eingestochen werden muss. Das überlappende Gewebe wird bei dieser Maßnahme ganz klassisch in den Schambereich verlegt. Auf diese Weise ist schon aus mancher alte Hure von der Meile wieder eine Jungfrau geworden.

Es ist immerhin wissenschaftlich erwiesen, dass sich jedes ungenutzte Loch in der Natur von selbst wieder verschließt. Es wuchert quasi zu. *Use it or loose it.* Wie bei einer alten entwurzelten Eiche, die entsorgt wurde und nur einen erdigen Krater hinterlässt. Nach ein bis zwei Jahren ist das Wurzelloch verwittert und bietet bestenfalls noch Ameisen und Insekten Unterschlupf. Um dem Zuwachsen und der Stilllegung ihrer künstlich und natürlich vorhandenen Löcher entgegenzusteuern, lassen sich Kolleginnen von mir sogar die Schamlippen aufspritzen. Damit es wenigstens auf den eigenen Profilbildern noch so aussieht, als wäre die Einfahrt in Benutzung.

Neulich habe ich auf dem roten Teppich Micaela Schäfer wiedergesehen: Ihre Lippen sahen aus wie der Schnabel eines Pelikans. Ich musste mich wirklich beherrschen, nicht die Fischfilets vom Häppchenbuffet nach ihr zu werfen. Ich kam mir vor wie im Zoo. Aber vielleicht erfüllt Micaelas Schnabel ja einen guten Zweck? Vielleicht lenkt er von all den dummen und billigen Dingen ab, die aus ihrem Mund herauskommen. Oder dort hineingeschoben werden. Es ist schade um das nette Mädel mit den länglichen Warzenhöfen!

Gut, die ein der andere OP wird auch Vorteile haben: Auch wenn es an Selbstverstümmelung erinnert, aber Sophia Wollersheim braucht beim Autofahren zumindest keine Airbags mehr. Mir kommen diese Mega-Melonen eher vor wie eine Behinderung, und die gesamte Frau erscheint mir wie ein Vorher-Nachher-Testimonial. Ich möchte mit ihr zum Arzt gehen, um all die Deformationen wegmachen zu lassen. Arsch-Taille-Brust käme beim Onkel Doktor hereinspaziert, um dann von der Missgeburt zu einer gesunden Frau umoperiert zu werden. Die Frage ist nur, auf welcher Deponie die Ersatzteile einer lebenden Crash-Test-Dummy entsorgt werden dürfen?

All diese *Wannabe*-Celebritys erzählen ja immer, wie glücklich sie durch die Eingriffe geworden sind. Und haben allesamt das Bedürfnis, ihr T-Shirt hochzureißen und das zurechtgeschnippelte Fallobst der Welt zu zeigen.

Heidi Klum behauptet ja standhaft, dass ihre Brüste noch ganz real sind. Nun ja, zumindest bildet sich der Betrachter »Hans« und »Franz« nicht ein. Real sind sie ja, die amtlich einbenannten Möpse. Mich erinnert Heidi, wenn sie so über die beiden Kameraden spricht, immer an eine Großmutter, die Märchen erzählt. Das Supermodel betritt die Garderobe und sagt: »Das Schwein macht *Oink Oink* und das Schaf macht *Määäh*.« Das ist das Niveau der Gespräche, die sie mit ihren *GNTM*-Kandidatinnen in der Umkleidekabine führt. Und die verstehen nicht mal, was gemeint ist und fangen an zu weinen. Da lacht die Heidi! Aber zurück zu Hans und Franz: Die professionelle Meinung in Hollywood – das heißt, die Meinung der dortigen Schönheitschirurgen, die in deren Fachblättern abgedruckt ist – ist, dass die Dinger gemacht sind! Und zwar so gut, dass Heidi mit ihren Lügen durchkommt. Wie O.J. Simpson. Und auch die Klum'sche Nase gibt beständig Anlass zu Spekulationen. Eine angebliche Verkleinerung der Nase sollte ihre feine Knochenstruktur besser zur Geltung bringen und Heidi jünger wirken lassen. Wenn der Chirurg doch bloß das Messer mal an ihrem gigantischen Ego angesetzt hätte! Immerhin sieht Heidi mit K schlank aus wie eh und je. Bei der Heidi-Klum-Diät isst man nämlich nur das, was man auch buchstabieren kann.

Ich glaube, alle warten darauf, dass ich jetzt was über Anouschka Renzi sage? Okay, hier kommt meine Meinung: Totalschaden! Der Laster krachte genau in der Mitte der Visage! Offiziell sagte meine gute Freundin Nouschi, dieser Eingriff sei nötig gewesen, weil sie unter einer verkrümmten Nasenscheidewand litt. Ich werte das mal als Verweigerung der Aussage.

Patricia Blanco hat sich aus dem Überschuss der Labien neue Brustwarzen formen lassen, weil die Alten nach einer verpfuschten Brustvergrößerung erst abgestorben und dann abgefallen sind. Echt jetzt! Da kann doch keiner sagen, ich lästere! Plumps, lagen die Warzenhöfe samt Nippel am Boden! Aber Patricia sieht mit ihrer verkürzten und gelifteten

Mumu besser aus denn je. Ich finde, sie wirkt jünger. Vor allem durch das gebleachte Arschloch.

Leider wird der Konsument diese Wartungsmaßnamen erst zu sehen bekommen, wenn die Vagina in Vorher-Nachher-Bildern gezeigt wird. Aber auf persönliche Nachfrage dürfte stundenweiser Zutritt bei einer Privataudienz gewährleistet sein. Patricia Blanco ist zwar nicht käuflich, aber man kann sie mieten. Und zwar zum Knaller-Preis: Sie kostet nur wenig mehr als eine Schaumstoffmatratze von Takko!

17
NEEEIIIN zum Vokuhila
oder
Die Hochzeit des Figaro

Eines der bestgehütetsten medialen Geheimnisse ist ja wohl, dass Udo Walz schon lange nicht mehr der Starfriseur Nummer 1 ist. Kann man ja auch nicht lange bleiben, wenn man seine besten Kunden und VIPs anruft und ihnen hysterisch Hausverbot erteilt, weil man sich in Intrigen verstrickt hat und Angst, vor der Presse das Gesicht zu verlieren.

Der Starfriseur Nummer 1 in der Hauptstadt heißt Shan Rahimkhan, ein ehemaliger Mitarbeiter von Herrn Walz, der zwei riesige Läden am Gendarmenmarkt und am Ku'damm sein Eigen nennt und ein umfassendes Merchandising betreibt, neben dem das Unternehmen Walz verblasst.

Man bedenke, dass Udo zuletzt ja im Rollstuhl Haare schneiden musste. Da kommt ein aufmerksamer Pfleger in Form des eigenen Ehemannes gerade Recht.

Und mein Gott, was wurde bei diesem vermeintlichen Promifriseur im Laden nicht alles geratscht, getratscht, beratschlagt, entschieden, später dann geposted, vermittelt, verhandelt und intrigiert! Ich sage nur: Kundinnen, die Gefahr liefen, dort am Waschbecken neben dem Exgatten zu landen; Promis, die neben Journalisten platziert wurden, mit denen sie gerade vor Gericht prozessierten; Ehefrauen, die mit der Geliebten ihres untreuen Ehemannes in derselben *Bunte* blättern mussten und ahnungslos zu einem Dreier-Grinse-Selfie mit Herrn Walz gezwungen wurden.

Um die Haare ging es dort selten, vor allem ging es darum, wer mit wem und wo was nach Ladenschluss tat. Sehen und gesehen werden und mit den richtigen Leuten das Netzwerk knüpfen ... das war das Geheimnis Walz. Haare schneiden kann doch jeder. Keine Stadt in Deutschland hat so viele tolle und inspirierende Friseure wie Berlin.

Da kann es sich niemand erlauben, die Kundschaft zu vergraulen und gegen einzelne Personen miese Stimmung zu machen. Zumal Promis in Berlin beim Friseur prinzipiell nicht zahlen müssen. Wenn man mich sanft zur Kasse geleiten will, sage ich erschrocken »Ohhh, NEIN!« und unterzeichne meine Autogrammkarte. Die ist wie bare Münze! Das hat bis jetzt noch immer funktioniert. Ich glaube, meine gesamte Batterie an teuren Hermès-Handtaschen entspringt den Einsparungen bei meinen zahlreichen Friseurbesuchen. Das ist sowas wie eine Charity für mich. Und 1.000 Euro für Haare im Monat kommen bei einer High-Maintenance-Lady schließlich schnell zusammen.

Die Besonderheit an Shan Rahimkhan ist ja, dass der Mann heterosexuell ist. Und trotzdem hat er es als Friseur weit gebracht! Er hat auch eine patente Ehefrau, die fleißig mithilft.

Nun ja, einen Ehepartner hat Udo W. ja auch. Ich war bei der Hochzeit des Figaro natürlich nicht eingeladen. Weil: Ich bin ja Kundin bei Shan. Also eine böse Frau!

Aber ich kenne den jungen Berliner House-DJ Maringo, der angefragt worden war, um beim Hochzeitsempfang, passend zum gesponserten Champagner, aufzulegen. 2.000 Euro sollte er dafür bekommen. Der geschickte Plattendreher sagte ab: »Ich mache junge Musik für junge Leute. Das Publikum bei der Hochzeit war mir einfach zu alt.«

Man kam natürlich nicht drum rum, sich die Fotos der Veranstaltung anzusehen. Die gesamte Hochzeit wurde ja flächendeckend als PR-Geschichte vermarktet.

Ich habe mir nur die Fotos vom Polterabend angesehen – und da finde ich das Wort »alt« aber reichlich untertrieben. Bis auf Bräutigam Carsten waren die Geladenen nahezu fossil. Die ganze Hochzeitsgesellschaft erinnerte mich stark an eine Berichterstattung auf GEO TV, ein Sender, der sich Dokumentationen aus den Bereichen Wissenschaft und Forschung widmet. Ich habe dort mal einen faszinierenden Beitrag über seltene farblose Kreaturen in der japanischen Tiefsee gesehen. Genau wie auf den Hochzeitsfotos wurden dort Wesen gezeigt, die seit Urzeiten als ausgestorben galten. Ich gebe zu, Altertumsforschung hat mich schon immer fasziniert, und daher weiß ich: Nicht alle Denkmäler wirken vorteilhaft in der Abenddämmerung. Manche kommen irgendwie als Ruine rüber.

Nun ja, das Ganze ist nun auch schon wieder zehn Jahre her. Aber Udo schneidet noch immer ... dass da noch nichts passiert ist!

Es ist ja allgemein bekannt, dass die meisten Homosexuellen eine kreativere Ader haben als die gemeine Hete. Die künstlerische Gestaltungskraft schwuler Männer erreicht über den Coiffeur natürlich die Mitte der Gesellschaft. Auch der einfache Mann von der Straße zollt seinem Friseur Respekt dafür, dass der zaubern kann, wenn es darum geht, nochmal eine jugendliche Tolle zu suggerieren. Irgendwann merkt auch ein unerfahrener Kunde natürlich, dass just sein liebster Friseur nicht nur zauberhaft, sondern ganz verzaubert ist.

Wo wäre ich ohne meine vielen schwulen Freunde und Friseure, die ich schon an Haut und Haar gelassen habe, und die sich auf meinem Schopfe mit geradezu libidinöser Gier austoben durften? Und warum lasse ich das so klaglos über mich ergehen – weiß man doch spätestens seit Heidis Modepuppenshow, dass Frauen beim Friseur schlimmste Qualen erleiden! Wahrscheinlich liebt der verzauberte Coiffeur mein kaputtes und totes Haar, blonde Bindfäden, die – wie bei einer alten Puppe – alles mit sich machen lassen. Mich zu frisieren muss ungefähr so sein, als würde man einen Perückenkopf bearbeiten. Es darf gezogen, gezwickt, gezerrt und hart rangenommen werden: Ich spüre nichts mehr auf dem Kopf! Jeden Schwulen, der einen Stielkamm halten kann, juckt es – ich behaupte mal – nicht nur in den Fingern, sondern in der Hose, sobald er mich als Kundin in Aussicht hat. Ich wurde auf schwulen Straßenfesten schon festgehalten und mit Haarspraydosen und Rundbürsten von Tunten vergewaltigt! Und ich verstehe die Tucken sogar. Denn als Schwuler ist man *in touch* mit seiner femininen Seite und giert danach, diese ausleben zu dürfen.

Die Trinen haben eben Einfühlungsvermögen in das Wesen einer Frau, sie hören zu und verstehen, was man als Frau durchmacht, wenn das Haar nicht sitzt. Jede Schwuchtel kann sich in die Lage einer Frau versetzen, die ihr Image verbessern will, um optimal auf Männer zu wirken. Ich und meine Schwuppen, wir benutzen sogar dieselben Produkte, Masken, Concealer, Injektionen, Hautlotionen, Haarentferner, Lippenstifte, und wir tauschen den Lipgloss, um das Beste aus uns herauszuholen. Weil die Schwuppen natürlich sehr auf ihr Erscheinungsbild fokussiert sind, verstehen und lieben sie eine Frau wie mich, die über ihr öffentliches Image und Erscheinungsbild wahrgenommen wird. Die Homoletten wissen einfach, dass man als Frau über Nacht implodiert und eigentlich einen ganzen Tag lang schuften muss, um am Abend gut und vor allem natürlich auszusehen. Ein ansprechendes Äußeres zu vermitteln und sich als Typ zu optimieren ist bei den Friseuren daher zur zweiten Natur geworden.

Frauen und schwule Friseure, sie beide buhlen um die Aufmerksamkeit anderer Männer und arbeiten daran, sich positiv in Szene zu setzen. Und man kann mit seinem schwulen Hausfriseur über *alles* reden, über Analverkehr ebenso wie über Penisgrößen und abgefahrene Gruppensexorgien. Schwule nehmen eben kein Blatt vor den Mund, nein, sie öffnen bereitwillig ihr Mäulchen bis zum Anschlag wann immer sich dafür die geringste Gelegenheit bietet. Ein Schwuler wird immer darauf achten, dass ihm nichts unter 20 Zentimetern Länge ins Haus kommt. Allerdings kommt natürlich auch er ab und an mit den Maßeinheiten ins Schleudern, daher kann es passieren, dass er sich ein wenig verschätzt, wenn er uns die Haare abschneidet. Kein Wunder, wenn er sich sein ganzes Leben lang mit Dingen beschäftigt, die auf wundersame Weise erstaunlich schnell wachsen (und ständig erlebt, wie aus acht Zentimetern zwanzig werden ...).

Ein gelernter Schwuler hat überdurchschnittliche Bildung und wahres Expertentum parat, wenn man ihm von der letzten Kulturreise nach Rom berichtet. Er wird sofort kontern, dass die Römer von den Griechen die moderne Hinterladerei übernommen haben. Besonders betroffen sind von dieser Bildungslücke über das alte Griechenland wir Frauen.

Man könnte auch sagen, Frauen sind oft einfach aus Bequemlichkeit dagegen, dass man ihre Hintertür benutzt. Denn wir verfügen über eine Vagina und haben damit einen komfortablen Eingang, der beim Verkehr weder Schmerzen verursacht noch größerer Pflege bedarf. Darum beneidet uns jede Tunte, die erstmal zum Bleichen und Spülen gehen muss, bevor ihr Schinken gespalten werden kann. Mit welcher Hete kann man schon über derlei Dinge rund um das Mokkastübchen fachsimplen? Und genau diese Fachsimpeleien tragen dazu bei, dass die vertratschte Tucke von der Arbeit abgelenkt wird und uns statt Bob – weil es sich doch so schön mit uns plaudern lässt – mit einem flotten Undercut überrascht. Huch!

Daher gilt: Im Salon sollten Sie am besten niemals freundlich bitten! Sie müssen bestimmt und entschieden NEIN sagen, sie dürfen es sogar aus vollem Herzen kreischen. Schwule lieben dramatisches Divengezicke, und Sie könnten einem Udo Walz keinen größeren Gefallen tun, als mit Farbe auf dem Kopf, noch eingepackt in den billigen Plastikponcho, töhlend das Geschäft zu verlassen, um »*Hashtag MeToo!*« zu schreien! »Das ist Körperverletzung, zu Hilfe ...!«

Egal ob es um Komplimente geht oder Kritik, Ihr Friseur wird es immer ehrlich mit Ihnen meinen, und er wird Sie nie belügen, denn er will Ihnen garantiert *nicht* an die Wäsche.

Wenn Sie sich an ihn heranmachen, dann ist *er* derjenige, der als Lebensretter das Wörtchen NEIN gebraucht.

Im Gegensatz zu den Heten bringt unser schwuler Lieblingsfriseur niemals eine erotische Ebene ins Spiel. Ist das nicht erfrischend? Sie können der Tunte Ihr pickeliges Gesicht zeigen, frisch nach dem Vampirlifting, und er wird sich nicht abgeturned abwenden, sondern Ihre Hand halten und sagen: »Schätzchen, ich hab da was für dich!«

Die Welt ist ein abgebrühter Ort geworden. In einer Zeit, in der Selbstoptimierung zur höchsten Priorität geworden ist, in der zum 18. Geburtstag nicht selten eine Brustvergrößerung verschenkt wird, in der immer alles besser, geiler, härter und heftiger sein soll als je zuvor, verachtet man alles bereits Dagewesene – und so überrascht uns unser liebster Friseur als kreativer Mensch ständig mit neuen Ideen.

Dürfen es vielleicht rosa Strähnen sein? NEEEEIN!

Sollen wir mal auf Dunkelrot umfärben? NEEEEIN!

Ein zartes Lila würde dem Teint durchaus schmeicheln ... NEEEEIN!

Warum nicht mal Tressen in Türkis vor der Reise nach Malle? NEEEEIN!

Oder zu Weihnachten, um die Familie zu überraschen, die güldenen Engelextensions bis zum Arsch? NEEEEIN!

Nicht selten widmet sich ein schwuler Friseur in seiner Freizeit hingebungsvoll schwindelerregenden Sexualpraktiken. Daher hat er eine wesentlich niedrigere Schmerzgrenze im Umgang mit Extremen als wir. Glauben Sie mir, so eine gestandene Tunte hat im Laufe ihres Lebens schon viel Elend gesehen. Ganz zu schweigen von denen aus dem Osten, die in jungen Jahren aufgerissen wurden wie ein Westpaket! So tuckig sie auch daherkommen mögen, im Prinzip sind alle Schwulen hartgesottene Kerle. Deshalb kann man offen mit ihnen reden. Swingerclubs? Folsom-Festival? Anonyme Gruppenorgien mit fremden Männern, die man über Grindr und GayRomeo in die Küche geladen hat, damit am neuen Eichentisch geblasen wird, was das Zeug hält? Was man sich als vollschlanke Hausfrau nur schwer vorzustellen vermag, meinem liebsten Friseur hat all das schon zutiefst gemundet. Da kann es schon mal vorkommen, dass der Gute beim Gedanken an diese ganzen Rosetten in allen Varianten, Farben, Nuancen und Tönungen, das Altrosa mit einem strahlenden Pink verwechselt, wenn er nach der Farbtube für die Kundin greift ... Selbst untenrum auf Apricot gebleached und duftend wie eine Lotusblüte, ist man als Friseur natürlich so fasziniert vom Spektrum der Regenbogenfahne, das man sich das auch auf dem Kopf der Kundin in mehreren changierenden Tönen eigentlich ganz apart vorstellen könnte. So versucht mein liebenswerter Coiffeur – ein kreativer Freigeist, der gerne neue Dinge ausprobiert – doch immer wieder, mich zu einem Typwechsel zu überreden. Voller Begeisterung erklärt er mir, dass ich schließlich auf der Bühne stehe und so coole Moves habe, die durch eine extraordinäre Haargestaltung noch unterstrichen werden könnten. Er sagt, ich ginge doch gerne aus mir heraus, und er bewundere mich dafür, wie selbstbewusst und originell ich sei. Eine Ikone eben. Eine Göttin, die die verdiente Aufmerksamkeit genießt. Eine Stil-Queen. Ich könne mir alles erlauben.

Das, so führte er dann weiter aus, seien genau die richtigen Voraussetzungen für einen Vokuhila: »Vorne kurz, hinten lang«. STOOOPP! Ich mit Vokuhila? Diese Frisur ist kein Haarschnitt, sondern ein Lifestyle.

Wir vertiefen uns in eine höchst inspirierende Debatte um Vintage-Looks, von Pudeldauerwelle bis Vokuhila.

»Wer diesen Look trägt, trägt ihn mit Stolz«, erklärt mir mein Friseur, der tätowierte Glatze trägt. (*Pride* halt! *I love it!*) Jeder Mann und jede Frau sollte seiner Ansicht nach mindestens einmal im Leben einen Vokuhila tragen. »Allein für das Gefühl von Haaren im Nacken.« In Kombination mit einem Schnurrbart sei das Gesamtbild bei Männern ein Kunstwerk. Mir als Künstlerin würde der Vohukila eine völlig neue Pop-Dimension verleihen.

Alles, was mein liebster Coiffeur sagt, stimmt. Aber ich entgegne mutig: »NEIN! Das bin einfach nicht ich. Ich sehe fantastisch aus, wenn ich vom Friseur komme, so kennt und liebt man mich, und ich fühle mich wohl damit. Warum experimentieren? *Never change a winning team,* Kevin, und ich liebe dich, aber zum Vokuhila sage ich NEIN!«

Wenn Sie im Haarsalon sitzen und mit dem Ergebnis nicht zufrieden sind, dann leiden Sie nicht still vor sich hin, sondern leiden Sie *mit* Ihrem Friseur! Schildern Sie so detailliert wie möglich, was Ihnen nicht gefällt. Umso genauer Sie kommunizieren, wie Sie es haben wollen, umso leichter kann das Problem gelöst werden. Aber beachten Sie dabei: Statt einfach nur »NEIN, NEIN, NEIN!« zu sagen, geben Sie möglichst konkrete Anweisungen:

»Ich mag die Haare nicht im Gesicht, bitte aus dem Gesicht, vorne ausgedünnt, flach an den Ohren, keine Locken und ein rasierter Nacken! Keinen Kupferstich in der Tönung, mehr wie meine eigene Farbe, nur leicht aufgehellt.«

Ein guter Friseur ist keine Primadonna, er wird alles tun, um Sie als Kundin zu befriedigen – auf seine Weise! Daher gilt: Solange Sie die Kontrolle über Ihren schwulen Friseur behalten, ist er der wunderbarste Freund der Welt. Aber Sie laufen immer auch Gefahr, dass er im Rausch der Liebe zu Ihrem Haupthaar innerlich seine Dolly-Parton-Travestieperücke vor sich sieht und einen völlig übertriebenen Maßstab anlegt, wenn er Ihnen die Haare toupiert. Erinnern

Sie ihn immer wieder daran, dass Sie *nicht* Cher sind und eigentlich im Einkaufszentrum Ihrer Vorstadt unauffällig als graue Maus untergehen wollen. Das ist wohl das einzige, was er sich schwer vorstellen kann.

Wenn Sie allerdings als geile Blondine nach Glamour schreien und nicht unter Strass-Allergie leiden, wenn Sie im viel zu kurzen Lederrock mit hochgeschnallten Titten den Salon betreten, nachdem Sie vorm Laden noch mit ihren rosa Nutten-Stilettos im Straßenpflaster hängengeblieben sind, dann wird Ihr liebster Coiffeur sofort helfend herbeieilen und mit tiefstem Einfühlungsvermögen in Ihre Haut schlüpfen! Er ist in einem solchen Moment der einzige Mann, der sich in Ihre Lage zu versetzen mag, weil er aus eigener Erfahrung weiß: »Man hat es eben im Leben nicht leicht als Frau!«

18
NEIN im Kinderzimmer
oder
So sagen Sie Kindern
den Kampf an!

Egal, welchen Konzern ein Topmanager auch leitet, seine hohe Schule der Diplomatie, sein Wissen um Strategien und Personalführung helfen auch nicht weiter, wenn es um das NEIN im Kinderzimmer geht!

Ein Kinderzimmer – beziehungsweise seine Besetzer – können schließlich mehr Druck auf uns ausüben, als ein letztes Mahnschreiben vom Finanzgericht Cottbus.

Das Kinderzimmer ist der Ort, an dem man völlig mühelos eine neue, nie zuvor erlernte Sprache spricht – man nennt sie auch »Mamilisch«. Neue Vokabeln wie »Whoojeeeh!«, »Bautzi«, »Huuiiii«, »Eijeijeij« und dergleichen kommen plötzlich wie aus dem Nichts über unsere Lippen.

Und was sich in Kinderzimmern abspielt, kann man meist nicht mal Erziehung nennen, sondern eher Überlebenskampf! Machtkampf! Kriegszustand!

Wenn es darum geht, ein NEIN gegen den Willen eines Kindes durchzusetzen, sagen Eltern den Kindern den Kampf an. Anders kann man das nicht beschreiben. Doch Obacht: Jedes Machtmittel, das wir einsetzen, schlägt irgendwann auf uns zurück und trifft am Ende immer uns selbst.

Kinder reflektieren frühzeitig unsere Mimik, unsere Gesten und Zwischentöne, und eine von Freundlichkeit und Liebe geprägte Atmosphäre wird sich bald im Verhalten und im Gestus der Kleinen widerspiegeln. Der Nachwuchs erbt zwar unsere Gene, unsere DNS, jedoch prägen sich Charakter und Persönlichkeit erst durch das aus, was die Kids umgibt. Vorhandene Anlagen verkümmern oder entfalten sich, angelegte Merkmale erblühen oder gehen verloren. Auf diese Weise formen sich die zukünftigen Fähigkeiten und Stärken, die Wesenszüge und Eigenarten, die unsere Kinder ausmachen.

Wenn Eltern alles perfekt machen wollen, die Bedürfnisse ihrer Kinder vorwegnehmen, erahnen und jegliche Frustration von ihnen fernhalten, bereitet das die Knirpse allerdings nicht auf die Welt oder das Leben vor. Eher im Gegenteil! Und schon sind Therapeuten nötig, um die unterschiedlichsten Probleme der Kleinen, die durch dieses Überbehütetsein entstanden sind, zu therapieren.

ADS, ADHS und dergleichen sind heute ja nur die neuen Namen für das, was uns einst als »Zappelphilipp« und »Lausebengel« den letzten Nerv raubte. Und ich gebe zu: Ich bin nicht mal dagegen, dass Kinder Unfug treiben. Aber: kontrollierten Unfug! Abenteuerlust und Fantasie sind genau die Bereiche, an denen Kinder wachsen und sich austoben können. Eltern sollten alles tun, um dafür Gelegenheiten zu schaffen und solche Refugien zu erhalten.

Und wenn es dafür an Möglichkeiten mangelt, dann stehen immer noch Sport und Trainingszentren zur Verfügung. Worauf es ankommt ist, dass die ganze enorme Kraft, die in Kindern steckt, gebündelt und zielgerichtet wird. Ganz egal ob Karate oder Ballett, Chorgesang oder Steppen, Fußball oder Hockey, Rudern oder Tanzen, Segeln oder Hip-Hop. *Move your ass* – das ist der Punkt!

Gibt es für diese Energien kein Ventil, oder sind die Kids sich selbst überlassen, müssen sich die Eltern nicht wundern, wenn das ganze sensible kindliche System aus der Balance gerät.

Oh ja, Kinder können *mega* anstrengend sein, das liegt in der Natur der Sache. Und leider wird ihnen heute abverlangt, sich an das Leben und den Rhythmus der Erwachsenen anzupassen und sich in den stressigen Alltag zu integrieren, auch wenn dieser komplett an den kindlichen Bedürfnissen vorbeigeht.

Wenn zu nervigen Kindern noch Eheprobleme, Berufsstress und Familienzwist, Überforderung und Alltagsprobleme dazukommen, marschiert so manche Mutti mit dem zackigen Schritt einer Magda Goebbels über das klackende Laminat ihrer Dreizimmerwohnung. Wenn sie nicht grade das Glück hatte, dass der gutsituierte Mann für die Familie als Behausung eine komfortable Großraumhütte gebaut hat. Aber auch damit ist es nicht getan.

Ich kenne reichlich Wohlstandskids, denen es proportional zu den feudalen Lebensverhältnissen an Nestwärme fehlt. Weil die Eltern selbst unterwegs sind und feiern wollen. Ihren Egotrip ausleben, der für Kinder – die mehr als ein Accessoire geplant worden sind – keinerlei Bedeutung hat. Verwöhnte Kinder reicher Leute, bei denen *alles* selbstverständlich ist. Sie sind nicht glücklicher als andere und werden bald erfahren, dass die Befriedigung materieller Bedürfnisse erstaunlicherweise nicht grenzenlose Langeweile ausmerzen kann.

Anfangs denkt ja jeder kleine Zwerg, die Welt drehe sich nur um ihn. Ab dem zweiten Lebensjahr beginnt die Trotzphase, in der das kindliche Kleinhirn erstmals die dunkle Vermutung hegt, dass dieses Wesen, welches es schwankend durch die Welt navigiert, nicht der Mittelpunkt der Welt ist. Es gibt unzählige andere Leute, die uns umkreisen wie ein Satellit und mit ihrer Strahlung in unseren Kosmos eingreifen. Mit drei, vier Jahren setzt das selbstständige Denken ein und produziert die goldigsten Schlussfolgerungen, wie zum Beispiel: »Warum hat Mama einen Vorderpopo? Meiner ist hinten, bei Mama sind die Popohälften oben über dem Bauch!«

Kein Erwachsener kann die unbedarfte Sichtweise Dreijähriger nachahmen. Aber lange wird es in dieser Phase nicht dauern, bis die erste Stufe der Abnabelung beginnt und das Kind begreift, dass es selbst entscheiden kann. Und zwar anders entscheiden kann, als die warme und oft müde Mutterkuh es geplant hat!

Wenn sich erst die eigenständige Persönlichkeit entwickelt, kann man die Kids nicht mehr mit den üblichen Ablenkungen bei der Stange halten. Dieses Konfliktpotential kündigt sich durch den vermehrten Einsatz der Vokabel NEIN an. Es ist nicht gerade ein bequemes Gefühl, Verbote und Grenzen akzeptieren zu müssen, wenn man ansonsten gehätschelt und im warmen Bademantel geschaukelt wurde.

Was spielt sich da nicht alles in den Synapsen des Kindes ab, wenn es plötzlich heißt: »NEIN!« Kann das Leben wirklich so grausam sein, dass die böse Macht, die uns ausgebrütet hat und in der Kostümierung einer Mama auf dem Arme wiegte, erst einen auf »Heididei« und Kuschelkurs macht und dann als NEIN-schreiendes Schreckgespenst vor uns steht?

Ja, genauso grausam ist das Leben, und diese bittere Pille muss erstmal verdaut werden. Klar, dass dies sehr hart ist für einen kleinen, zarten Magen.

Plötzlich marschiert die Königin der Finsternis durch das Haus, um ungeschminkt im Nachthemd mit Hängebusen Verbote und knallharte Strafen zu verhängen; um zu drohen, zu erpressen, zu strafen und zu keifen.

Wie spannend ist es doch, einen Turm aus Stühlen zu bauen und drauf zu klettern, um auch mal groß zu sein und auf alles herabzusehen! Wieso »NEIN«?

Die Knöpfe an der lustig roten Herdplatte andrehen und in den Backofen krabbeln? Wie, »NEIN«?

Mit der Schere in der Hand in die witzigen Löcher einer Steckdose stechen? »NEIN«?

Warum werde ich von diesen beiden Monstern gefangen gehalten, die sich Eltern nennen? Vielleicht bin ich vertauscht worden? Warum erlaubt mir keiner was? Was quatschen die blöd rum, sie müssten wegen mir verzichten? Auf was? Ich bin doch das Kind! Rausgeschlüpft aus dem einen Ei, das die ausgebrütet haben. Weil von 100 Millionen Spermien *ich* das schnellste war. Und jetzt reden die vom Verzichten? Verzichten auf Freude, Freunde, Freizeit, Partys und alles, was im Leben Spaß macht. Damit *wir*, laut Papa »was zu Fressen haben«. Und das Säugetier, das meine Mama sein soll, entpuppt sich als alte Spinatwachtel im ausgebeulten Jogginganzug.

Dass sich der kindliche Verstand gegen solch ein Milieu wehrt, ist verständlich!

Irgendwann wacht der gestresste Papa auf und gelangt nach dem dritten kühlen Blonden zu der Erkenntnis, dass er sein gesamtes Leben und Vermögen an eine undankbare

Schlampe verschwendet hat und sich der eigene Alterungsprozess mit Hilfe seines Geleges, das er ausgebrütet hat, um das Zehnfache beschleunigt.

Unzufrieden stellt die überforderte Mutti derweil fest, dass es auch noch etwas anderes im Leben gibt als Blähungen, Kinderkotze und Kopfläuse im Kindergarten und fängt an, sich für die Qualitäten anderer Männer zu interessieren. Was für ein Drama! Aber das ist der bundesdeutsche Durchschnitt.

Da hat nämlich eine Familie 1,5 Kinder und im Jahr 2017 betrug die Scheidungsquote in Deutschland 39,56 Prozent. Auf eine Eheschließung kamen rechnerisch ca. 0,4 Ehescheidungen.

Nicht eingerechnet sind dabei natürlich die gegen die Wand gefahrenen Ehen, bei denen die Partner sich finanziell eine Scheidung nicht leisten können. Und schon gar nicht tauchen jene auf, welche in Erstarrung verharren und nur noch ihr Dasein fristen, »weil die Kinder nun mal da sind«.

Geschweige denn all die Karrierefrauen, die mehr verdienen als der Gatte, im Falle einer Scheidung den Exmann versorgen müssten und sich daher dafür entscheiden, das Debakel partnerschaftlich auszusitzen.

Verheiratet zu sein ist ja oft so, als würde man in eine viel zu heiße Badewanne steigen: Wenn man nur lange genug stillhält, gewöhnt man sich früher oder später an den Schmerz!

Diese gesamten häuslichen Tragödien hinzugerechnet, dürfte sich das Maß glücklicher Ehen abermals deutlich reduzieren.

Doch der Teufel steckt im Detail: Unglückliche Beziehungen sind oftmals stabiler als glückliche! Das Sich-Selbst-Be lügen wird schleichend zum Kitt, der die ganze Ehe zusammenhält. Am Ende gewöhnen sich Paare an dieses Muster und halten ihre Ehe – zumindest vor den Anderen – sogar noch für glücklich. Wobei das »Glück« als Faktor nicht so sehr zählt, solange die Ehe nur »funktioniert«.

Unglück, Resignation, Untreue, Enttäuschung, Frust, Lebenslügen, all das charakterisiert häufig verblüffend haltbare Beziehungen. Unzufriedenheit verbindet, Hass kann enger zusammenschweißen als Liebe. Glauben Sie mir einfach, ich weiß, wovon ich spreche!

Die Nerven liegen blank und am Ende können alle von Glück reden, wenn nicht wieder eine ganze Familie durch eine Kurzschlussreaktion ausgelöscht wurde.

Nicht selten sind Langzeitpaare wie ineinander verbissen, ihre Aggressionen haben sich verfestigt, die Wut aufeinander, negative Gefühle und gemeinsame Verantwortung, Kredite und geteiltes Hab und Gut funktionieren wie ein effektiver Kleber – die Partner sind im Unguten aneinander gebunden und kommen einfach nicht voneinander los.

Was für ein Horror! Wie jahrelang Pflaumen fressen zu müssen, obwohl man von ihnen schrecklichen Durchfall bekommt. Und das, obwohl man sich immer und völlig im Klaren darüber war, dass einem Bananen doch viel besser schmecken würden.

Dann noch schlechter Sex und ein Klima, in dem die Mutti schon lange nicht mehr freiwillig das Röckchen hebt. Sex in der Ehe ist in etwa so wie Einkaufen an der Tankstelle: Wenn man früh um vier dringend was braucht, weiß man, wo man es finden kann, und es liegt immer an derselben Stelle; leider ist die Ware nicht sehr frisch!

Im Ergebnis bedeutet dies, dass bei überforderten Eltern das Nervenkostüm eh schon alles andere als stabil ist und den Kindern selten etwas abgeschlagen wird, weil der kleinste zusätzliche Konflikt das Fass zum Überlaufen bringen würde.

Das großzügig verpackte »Na gut, dann hol dir eben noch ein Eis, aber danach ist Ruhe!« gilt darum in Wahrheit nur dem eigenen Egoismus. Ein JA ist erstmal der kürzeste und bequemste Weg, um Geschrei und Eklat zu vermeiden.

Ob es nun die neuesten Action-Spielsachen sind, Online-Ballergames, kiloweise Großpackungen von singenden und tanzenden, sprechenden und piependen Süßigkeiten, oder das Recht, die Mutti andauernd zu unterbrechen und auf der neuen Ikea-Couch Trampolin zu springen – schnell wird dabei klar: Es gibt nur einen Boss im Haus, und der wird grade drei.

Die Unart, Kindern alles zu erlauben, wird oft mit Liebe zum Kind verwechselt. Überspannte Eltern gestehen den Kids meist alles zu, weil sie nicht (mehr) die nötigen Nerven für Konflikte haben.

Klar, dass es einem Kind keine Freude bringt, wenn ihm Dinge, die es unbedingt haben will, verboten werden. Und wenn der kleine Zwerg erstmal begriffen hat, welche Macht in dem Wort NEIN steckt, dann wird er sehr schnell erlernen das auch *er* es anwenden kann. Dann steht NEIN gegen NEIN – und es wird laut!

Ich soll in meinem eigenen Bett schlafen? NEEEEE-EIIIN!

Ich soll ein Lied in Mandarin lernen? Auf dem Hocker sitzen und zwei Stunden Klavier üben? NEEEEIIIN!

Das kann schon damit enden, dass treffsichere Bomben platziert werden: »Ich hasse Dich! Du bist eine Hexe!« Und schon boxt einem eine kleine Faust in den Bauch. Kriegszustand!

Aber die untervögelte, ausgelaugte und überarbeitete Mutti weiß, wie sie Ruhe in den Haushalt bringt: »Entschuldige mein Süßer, komm, setz dich schön hierhin und iss ganz alleine die große Tüte Marshmallows auf, aber mache es bitte leise, damit Mama schlafen kann. Ich lade dir auch einen schönen Zeichentrickfilm auf dem iPad runter!« Dann noch ein Paar Spiele auf dem Tablet dazu, und Ruhe ist im Karton!

Ein JA dem Kind gegenüber beendet die hitzige Diskussion und läutet häuslichen Frieden ein. Ein Verbot, ein NEIN genügt und die Waffenruhe ist vorbei. Ohne tausend Zugeständnisse in kleinen Dingen würde man wahrscheinlich den Alltag mit den lieben Kleinen gar nicht überleben. Kinder schachern von früh bis spät. Denn sie finden ganz unabhängig von ihrer Begabung auf wundersame Weise sehr schnell heraus, wie sie die Mutti um den Finger wickeln, zur Weißglut bringen, manipulieren und nerven können. Und sie testen aus, wer der Stärkere ist. Was für ein grandioses Gefühl, das dicke Monster mit den Lockenwicklern besiegt zu haben! Wer kriegt da nicht Lust auf Wiederholung?

Aber wer langfristig Harmonie im Hause will, der muss leider das Langzeitprojekt angehen, bei dem die Kids lernen, ein NEIN zu akzeptieren. Auch wenn dieser Lehrgang zum Drama werden kann!

Aber bei aller Liebe, die wir verschwenden, bei Gott, wir sind nicht der Weihnachtsmann. Und wir müssen auch dann konsequent bleiben, wenn wir die Klassikersätze hören wie:

»Aber alle anderen Kinder dürfen das!«

»Du kannst mir gar nichts verbieten, denn ich mache was ich will!«

»Du hasst mich und du willst mein Leben ruinieren!«

»Nie erlaubst du mir was, du bist eine Hexe!«

»Du hast mich nicht lieb und ich mag dich auch nicht!«

Und wahrlich, Kinder können garstig sein! Und andere garstige Kinder mit nach Hause bringen, sich mit garstigen Kindern solidarisieren und garstige Geheimbünde schmieden.

Hier zeigt sich, was gute Erziehung zu leisten vermag, was Bildung, Ausbildung und »Kinderstube« bewirken können.

Mit Kuschelei und Verwöhnen allein tut man Kindern keinen Gefallen. Mit Privilegien schon gar nicht. Wer seine Kinder liebt, braucht klare Regeln und Grenzen. Hier allerdings wird das Wörtchen NEIN zum Zauberstab! Man kann als Mutter nämlich auch NEIN sagen zu Desinteresse, Genervtheit, Ungeduld und strengem Kuratell.

Kein pädagogischer Kunstgriff kann mehr bewirken als ein gutes Vorbild. Denn was vorgelebt wird, muss nicht mehr erklärt werden.

Der erste Satz meines Sohnes war: »Mama abeia?«

Dass Mama arbeitet und wiederkommen wird, musste in unserem Hause keiner mehr erklären. Wenn man keine Angebote bekommt, macht man sich eben selbstständig. Mein Sohn hat eine Mutti, die seit Jahrzehnten ihre Haut zu Markte trägt. Und das, was abfällig klingen mag, hat uns die Tür zu einem Paradies geöffnet: Unabhängigkeit, kein

Chef, keine miesen Kollegen, alles in meinem Besitz, kein Dankeschön nötig an irgendwelche Unterstützer, Förderer, keine Seilschaften, die einen bis zum Sanktnimmerleinstag binden.

Nebenbei habe ich meinen Sohn zum Teamplayer erzogen, damit er es anders und besser macht als Mutti. Denn das, was heute gefragt ist, wird morgen schon überholt sein. Da bleiben nur jene im Rennen, die empathische Fähigkeiten haben. Andere Menschen lesen zu können, das ist das Fundament der Zukunft. In einer globalisierten Welt sind jene die aufsteigenden Stars, die verstehen, wie andere Nationen, Menschen, Ethnien, Religionen und Gruppen fühlen, denken und empfinden.

Egal wie intelligent und leistungsstark jemand sein mag, wenn er keine tieferen Beziehungen zu anderen Menschen aufbauen kann, wird er niemals Fahrt aufnehmen. Vertrauen zu schaffen und Allianzen einzugehen bedarf menschlichen Feingefühls und Einfühlungsvermögens, und es hält sich absolut die Waage mit der Notwendigkeit, wirtschaftliche Ressourcen anzusammeln und zu verwalten. Kooperationsfähigkeit, Neugier und soziale Kompatibilität zeichnen im Berufsleben die neuen Durchstarter aus. Diese Fähigkeiten werden in der Kinderstube angelegt, gehegt und gepflegt und müssen mit akademischer Qualifikation einhergehen.

Kinder großzuziehen ist der härteste Job überhaupt.

Und zwar egal, ob man verheiratet ist oder nicht. Wenn's eng wird, wird eh immer nach Mama geschrien! Noch härter ist es trotzdem für Alleinerziehende. Und noch härter ist es für Alleinerziehende mit Fulltime-Job. Das ist die ganz große Kür. Jeder Frau und jedem Mann gebührt dafür Respekt. Und wer da nicht in den Lobgesang einstimmt, kriegt von mir persönlich auf die Fresse! Zu Mangel an Respekt sage ich eindeutig NEIN!

Die volle Kraft eines NEIN entfaltet sich, umso knapper es angewendet wird. Darum rate ich Ihnen eins: Verzichten Sie auf lange Erklärungen! Nicht umsonst ist das Wort NEIN eindeutig und simpel, und umso schlanker es serviert wird, desto mehr wirkt seine Macht. Warum? Weil Kinder allesamt kleine Genies sind, die es verstehen, Mami und Papi, Omi und Opa nach allen Regeln der Kunst zu verführen, weichzuklopfen und zu manipulieren. Gut so! Niemals wird künstliche Intelligenz die Milliarden von Lösungswegen nachempfinden können, zu denen das Hirn eines 14-jährigen Teenagers fähig ist, der bis früh um vier mit den Kumpels um die Häuser ziehen will. Gegen diese geballte Ansammlung von Fantasie, Charme, Charisma, Ausreden und erflehten Zugeständnissen hilft in der Orchestrierung der hitzigen Debatte nur ein strammer Paukenschlag: NEIN!

Wenn dann die Tür geknallt und geschmollt, das Essen verweigert und in Sitzstreik gegangen wird, zeigt sich, welches Klima in einem Hause herrscht.

Ein Eisbrecher ist in jedem Fall der Humor! Wenn Kinder zu Hause gelernt haben, dass mit korrekter Kleidung und gutem Humor jedes Elend gemeistert werden kann, dann ist die Erziehung schon mal nicht gescheitert. Anstatt die Kids taub werden zu lassen gegen Verbote, Einschränkungen und permanente Arien von NEINs, sollte man JA sagen zu den Alternativen, die sich zur Strenge oder gar Gewalt anbieten!

Ich setze dabei voll auf die »magische Mutti« mit der hausgemachten Entertainmentshow für garstige böse Buben und verzickte kleine Prinzessinnen in ihren schrecklichen rosafarbenen Polyesterkleidchen, denen es eine gehörige Dosis an NEINs zu verabreichen gilt.

Diese NEINs werden von der magischen Mutti raffiniert mit Feenstaub und Glitzer drauf serviert. Mit der richtigen Deko kaufen einem die Kids nämlich alles ab!

19
NEIN mit gaaaaanz
viel Glitzer-Topping!
oder
Die magische Mutti sagt NEIN

Der raffinierte Trick einer brillanten, smarten und wunderbaren magischen Mutti ist, jegliches NEIN so zu verpacken, dass es gar nicht als Verbot rüberkommt.

Juchuuu, wir verabreichen Mogelpackungen! Hübsch rosa glänzende Cupcakes, die unter all den bunten Smarties eine bittere Pille beinhalten: das strikte Verbot!

Die raffiniertesten und liebevollsten Arten des NEIN-Sagens zum Kind werden auf die abenteuerlichste Weise präsentiert, sodass manches entschiedene NEIN am Ende wie ein bunt verpacktes Überraschungsei wirkt.

Am besten ist, die magische Mutti zieht sich dazu auch noch hübsch an. Irgendwas muss glitzern und pink sein. Das lenkt vom Inhalt der schlechten Nachricht ab! Also ich für meinen Teil habe mich auch immer für meinen Sohn hübsch gemacht. Wenn eine zarte Fee durchs Haus huscht, ist schonmal für eine zauberhafte Grundstimmung gesorgt, da wird so manche strenge Auflage verziehen. Klar, wir haben auch unsere Schlabberlooktage, aber auf die haben wir uns dann auch geeinigt, und sie werden mit Kuschelsocken, Tee und Kuchen, Suppen, Serienmarathon, Gesichtsmasken in flauschigen

Bademänteln wie in einem Wellness-Resort gemeinsam zelebriert. Man sollte eben ein wenig auf sich achten, mehr will ich gar nicht sagen. Das gebietet schonmal der Respekt vor sich selbst.

Hier nun kommt ein Füllhorn an Beispielen, wie eine kluge Mutter mit funkelnden Ohrringen die Bande im Zaum hält und Verbote erteilt, ohne dass es groß auffällt:

Ein absolutes, nicht verhandelbares Gesetz ist die ominöse »Hausregel«, die sich geradezu politisch herauf-beschwören lässt und zu 100 % immer unumstößlich ist. Ausnahmslos. Wir sagen nicht miesgelaunt NEIN, wir ver-packen Verbote als Lifestyle!

Wir erklären ganz selbstverständlich, dass dies nun mal so ist, wie man sich in unserer Familie benimmt und wie wir hier in diesem Zuhause leben wollen. Alles andere existiert nicht. Das ist eine sehr wirksame Strategie, die zum Bei-spiel folgendermaßen klingt: »Bei uns werden vorm Essen die Hände gewaschen und es wird nicht nackt am Tisch ge-speist!« Das ist fest im Grundgesetz dieses Haushaltes ver-ankert und nicht verhandelbar.

Familienpolitik ist ein absolut positiver Weg, ein striktes NEIN zu umgehen. So könnte es beispielsweise heißen:

»In unserer Familie werden Spielsachen immer geteilt, wenn Freunde zu Besuch kommen.«

»Unsere Hausregel ist nun mal, dass wir gesunde Snacks zum Knabbern einkaufen und deshalb Zuckerschlangen und Süßigkeiten, die im Fernsehen tanzen, gar nicht im Hause haben wollen.«

»Treten gibt es in diesem Hause nicht, nie und nimmer! Deshalb tritt dich auch keiner!«

Es gibt so viele Situationen, an denen Eltern scheitern, die im Vorfeld absehbar sind. Hier greift die magische Mutti auf Prophylaxe zurück.

Jeder kennt das Spektakel mit Zwei- und Dreijährigen beim Einkaufen im Supermarkt. Der Teufel sitzt ja auf beiden Schultern bei denen, die in den untersten Etagen an der Kasse die wirklich gefährlichen Drogen für die Kids horten … man muss die Werbeleute, die die Supermärkte bestücken, ja quasi als Dealer bezeichnen, weil sie genau auf Augen- und Zugriffshöhe der kleinen Knirpse die buntesten, im Labor zusammengebrauten Chemikalien, getarnt als »Leckerlies«, einsortieren.

Sowas weiß man aber vorher, daher heißt es: Prävention!

Hervorragend, dass man als magische Mutti schon im Vorfeld mit einem positiven Ton das Schlachtfeld Supermarkt entern kann, um das Unheil vorausschauend abzuwehren. Die buntglitzernde magische Mutti schwingt an dieser Stelle ihren Zauberstab und säuselt liebevollst und im O-Ton:

»Wir gehen jetzt einkaufen und schau mal, das ist die Liste mit allem, was wir heute brauchen. Ich habe alles extra aufgeschrieben. Es gibt im Laden alles Mögliche, aber wir nehmen nur das, was wir uns vorher überlegt haben. Hier ist der Zettel, du liest ihn vor: Schau, es sind sieben Sachen, los gehts. Okay?«

Wenn der kleine Knirps dann trotzdem ausflippt, genügt ein schlichtes und erstauntes Mary-Poppins-Gesicht, ergänzt durch ein verwundertes: »Aber das steht doch nicht auf der Liste.«

Sehr raffiniert ist auch die Taktik, gemeinsam mit dem Kind etwas zu beschließen, was dann auch eingehalten wird. So macht die magische Mutti das Kind zum Verbündeten!

Machen Sie Ihrem Kind klar, was Sie von ihm erwarten und gehen Sie mit ihm einen Deal ein. Schmieden Sie einen Pakt. Die kleinen Racker werden daran mehr Freude haben, und sich nicht wie bei einem rigoros verhängten NEIN dagegen aufbäumen.

Erklären Sie, warum Sie dem Kind etwas Bestimmtes abverlangen:

»Schatz, ich muss ein ganz wichtiges Telefonat führen, da musst du ganz leise sein, es dauert nur fünf Minuten und wenn das vorbei ist, dann malen wir zusammen, ist das ein Deal?«

»Wenn heute Abend Besuch kommt, dann bist du schon gebadet und im Schlafanzug, und wir haben eine halbe Stunde zusammen mit Emma und Otto, und dann müssen die Erwachsenen sich ziemlich langweilig unterhalten. Aber nach einer halben Stunde mit uns allen darfst du heute früh ins Bett, okay?«

Erinnern Sie später an die Abmachung, die Sie getroffen haben: »Das war aber eine schöne halbe Stunde, und nun wartet dein Bettchen auf dich, komm, sag allen schön Gute Nacht!«

Sie beide haben schließlich einen Pakt geschlossen und ziehen das Ding zusammen durch.

Vorbeugung ist überhaupt ein pädagogisches Wundermittel. Im Vorfeld schon muss das Limit klar vereinbart werden, sodass es gar nicht erst zu Debatten kommen kann:

»Wenn du mit deinen Hausaufgaben fertig bist, dann darfst du zwei Folgen deiner Lieblingsserie im Fernsehen anschauen. Was willst du sehen? Oder doch lieber eine Show? Such es dir aus! Okay, und wenn das vorbei ist, dann schalten wir das Ding aus.«

Aber: Nie und nimmer sollte ein TV im Kinderzimmer stehen! Nicht nur, dass Sie die Kontrolle über den TV-Konsum ihres Kindes verlieren, es untergräbt auch die gesamte Familienkommunikation und lädt das Kind dazu ein, sich zu isolieren. Wenn nämlich der Fernseher zur Verfügung steht, dann wird das Kind ihn auch nutzen. Am besten also: aus dem Weg damit.

Zeit schinden ist ebenso ein Trick, mit dem Sie die Wichte bei der Stange halten können:

»Ich weiß nicht ob ich dir erlauben kann, heute woanders zu schlafen, das muss ich mir erst genau überlegen, weil wir morgen schon viel geplant haben, aber ich denke darüber nach.«

Damit bekommt Ihre Entscheidung nicht nur mehr Gewicht, sondern sie wird zu einem kryptischen Faszinosum, sodass – selbst wenn die Antwort am Ende NEIN lautet –, das Kind die Entscheidung respektieren wird, auch wenn es sie nicht mag. Schließlich haben Sie sich mit seinen Bedürfnissen auseinandergesetzt und seine Erwartungen und Ideen ernstgenommen. Allein die Tatsache, dass es sich dessen sicher sein kann, wirkt auf Kinder schon beruhigend.

Alternativ lassen sich Verbote auch als Belohnung verpacken: Als magische Mutti darf theatralisch Oma angerufen oder mit der Verwandtschaft beraten werden, ob das Anliegen, der Vorschlag, die Bitte des Kindes sinnvoll ist, sodass aus der ganzen Sache ein großes Projekt gemacht wird, das umfassende Beratung braucht. Kinder lassen sich gerne auf spannende Angelegenheiten ein, solange man sie involviert und ihr Anliegen ernsthaft verhandelt. Der Weg ist das Ziel, oder hier: der halbe Spaß. Und das Ganze ist wesentlich konstruktiver als ein schlecht gelauntes oder genervtes »NEIN, hab ich dir schon hundertmal gesagt!«

Sie können auch das Kind selbst die Antwort geben lassen:

Sagen wir, es geht um Downloads fürs iPad, um gewaltverherrlichende Spiele oder dämliche Videoclips, irgendein Zeugs, was milliardenfach virtuell zur Verfügung steht. Zum 110. Mal wird gebettelt, das Thema wurde wieder und wieder erörtert, das eindeutige NEIN ist – offensichtlich – nie bei der Jugend angekommen. Was tun?

Die magische Mutti handelt diplomatisch und schlüpft in die Rolle der Staatsanwältin für Menschenrechtsfragen:

»Was glaubst du wohl, was meine Antwort sein wird? Das Thema hatten wir doch schon. Weißt du noch, was ich damals gesagt habe?«

»Überleg doch mal, warum ich dir nicht erlaube, dass du sowas bekommst. Könnte es sein, dass es dir nicht guttut?«

Damit laden Sie das Kind dazu ein, sich in ihre Lage zu versetzen. Eine herrliche Übungseinheit zum Thema Rollenspiel. Anstatt wie eine CD zu klingen, die sich aufgehängt hat und immer wieder nonstop »NEIN!« plärrt, bringen Sie das Kind dazu, die Sache aus der Sicht der magischen Mutti zu betrachten. Perspektivwechsel lautet das Zauberwort!

Wozu sind Kleinkinder nicht alles in der Lage, wenn man es ihnen nur zutraut!

Bieten Sie im Idealfall Alternativen an:

»Okay, du darfst ausnahmsweise länger aufbleiben und noch eine Episode gucken, aber dann werde ich dir heute deine Gute-Nacht-Geschichte auf Englisch vorlesen.«

»Ich möchte nicht, dass du jetzt nochmal Ice-Pops isst, weil du heute schon genug Junkfood hattest. Aber später kriegst du eine flambierte Banane oder Erdbeeren mit Sahne und Honig, was davon möchtest du? Such es dir aus!«

Auf diese Weise bieten Sie im Austausch gegen das Verbot eine andere Sache an, über deren Wahl das Kind sogar entscheiden darf. Allerdings zu Muttis Bedingungen! *That's life!*

Auch ganz wichtig und nützlich: Privilegien verteilen!

»Das ist doch ganz simpel, mein Schatz: Du fütterst nach der Schule den Hund und gehst mit ihm um den Block. Wenn du dann deine Hausaufgaben fertig hast, darfst du dich mit deinen Kumpels für zwei Stunden an der Eisdiele treffen.«

»Vor Netflix abzuhängen und Filme zu schauen ist ein Privileg und kein Recht! Das Privileg kannst du dir verdienen, wenn du heute Abend fehlerfrei alle Vokabeln gelernt hast, wenn ich dich abfrage.«

So verteilt die magische Mutti Trophäen, Preise und Privilegien. Und sie hat kein einziges Mal NEIN gesagt! Im Gegenzuge zur Erfüllung von Pflichten gibt es Rechte! Wenn das nicht Zauberei ist!

Und natürlich gibt es auch Konsequenzen:

»Ich werde dir nicht erlauben, Samstag in den Club zu gehen, weil du deinen Bruder nicht vom Training abgeholt hast, wie wir das verabredet hatten. Ein Deal ist ein Deal und du hast mich sehr enttäuscht. Nächste Woche hältst du dich hoffentlich an unsere Abmachungen.«

»Ich kaufe dir diese Adidas-Sneaker heute nicht, aber du kannst sie dir selbst verdienen. Überlege doch mal, wie du dir das Geld verdienen könntest. Sechs Stunden Gartenarbeit oder den Wagen innen und außen perfekt waschen, putzen und polieren? Such dir einen Job in Haus und Garten und wir reden drüber!«

Natürlich wird es mit zunehmenden Alter bei Teen-
agern dennoch zu Debatten kommen, vor allem wenn die
Kids, dank der sorgfältigen Schulung einer magischen Mutti, herausgefunden haben, wie man raffiniert Kompromisse
eingeht oder Argumente präsentiert.

Hier zeigt die magische Mutti ihre strenge Seite. Ja,
auch das gehört zur großen Oper!

* Es interessiert mich nicht, was andere machend und ob
  Dennis seine Pizza auf der Straße im Stehen isst. Wir
  essen sitzend in der Küche oder im Esszimmer, und dort
  gehört ein Teller hin. Alles andere ist in diesem Haus
  nicht erlaubt, auch nicht, wenn andere im Stehen aus
  dem Napf fressen.

* Mag sein, dass andere Kinder solche Wörter verwenden
  oder so mit ihren Eltern sprechen. Sein Vokabular sucht
  sich jeder selbst aus. Und andere werden dich nach
  deinem Vokabular beurteilen. Wir reden nicht so über
  andere Menschen in dieser Familie, das sind schlechte
  Manieren, und es ist verletzend für Menschen. Das hast
  du nicht nötig. Es ist das Vokabular der Schwachen!

* Vielleicht hast du Recht. Vielleicht bin ich ein Diktator.
  Aber ich kann es nicht verantworten, dass du auf dieses
  Rock-Festival nach Amsterdam fährst. Ich mache mir
  dabei viel zu viele Sorgen. Es tut mir leid, dass du böse
  bist und ich ein Diktator bin, aber das ist meine Entscheidung und die Entscheidung eines Diktators kannst
  auch du nicht ändern!

* Mag sein, dass ich eine blöde Mutter bin, dann ist das
  eben so. Ich habe das zu entscheiden, und wir beide sind
  uns nicht immer einig. Neun Jahre ist viel zu jung für
  ein Bauchnabel-Piercing und einen Wonderbra – ver-

giss es, wir brauchen darüber gar nicht zu verhandeln, du kannst das immer noch machen, wenn du älter bist. Die Diskussion ist für dieses Jahr beendet.
*   Es tut mir leid, dass du wütend auf mich bist. Ich hoffe, dass du nicht allzu lange böse auf mich sein wirst. Komm einfach zu mir und wir reden, wenn du dich unterhalten kannst, ohne böse Worte zu sagen. Ich sorge mich nur, weil ich dich liebhabe.
*   Es interessiert mich nicht, was andere Kinder machen. Kann sein, dass Kevin zum zwölften Geburtstag ein Gewehr bekommen hat. Wenn der vom Empire State Building runterspringt, machst du das dann auch?

Schlussendlich behalten wir als magische Mutti immer noch ein Notfall-Ass im Ärmel, wenn am Ende die ewig selben Debatten in den tauben Ohren eines »Pubertieres« verhallen:
*   Nein, mein Fräulein, und das ist ein kompletter Hauptsatz!
*   Kein Wenn und kein Aber, wir sind hier nicht in einer Demokratie!
*   Wenn du eines Tages mal alleine lebst, dann kannst du entscheiden, ob du rauchst oder nicht. Solange du hier wohnst, entscheide ich. Und wenn du sagst, das ist nicht fair, dann ist das Leben eben unfair. Wir sind Nichtraucher! Schicht im Schacht!

Nein, die magische Mutti ist kein Roboter. Eigentlich ist sie ein Fulltime-Showprogramm für die Kinder, das Disney World weit in den Schatten stellt. Sie reagiert einfühlsam, klug, gutgelaunt, witzig, überlegen, liebevoll, sanft, verständnisvoll und vorausschauend. Sie hat die Haare schön. Sie beweist Tag für Tag, dass trotz aller Hindernisse und Schwierigkeiten das Leben lebenswert ist und Herausforderungen gemeistert werden müssen. Wenn der Vater abhaut und ein Feigling ist, dann dankt sie Gott, dass solch ein Versager keinen Einfluss auf das junge Leben bekommt, welches die wohlondulierte Mutterglucke an ihrer Brust nährt.

Die Welt ist voll von »intakten Familien« mit problembeladenen Kindern, die nie gelernt haben, dass man sich von unliebsamen Umständen befreien kann, indem man sich für den besseren Weg entscheidet. Mit jedem einzelnen Tag gewinnt man an Kraft, Kapazität und Stärke, wenn man sich nicht seelischer Grausamkeit ausliefert. Oder sich in die Lügenkonstrukte und Abhängigkeiten anderer verstricken lässt – mögen sie sich auch Familie nennen. Das Leben ist kein Märchenbuch, kein Lore-Roman, und ein Kopf-in-den-Sand-Stecken funktioniert auch nur für eine gewisse Zeit.

Das Erwachsenwerden der Kinder fühlt sich an wie ein Wimpernschlag. Die Jahre fliegen vorbei, und der junge Mensch, den man hervorgebracht hat, wird Zeugnis ablegen darüber, was unsere Werte und Qualitäten sind. Kinder sprechen für sich selbst!

Bei all den Gedanken, die Sie sich um die Zukunft Ihrer Kinder machen, sollten Sie weniger daran denken, wen die Kinder heiraten, oder welchen Beruf sie ergreifen. Nein, Ihre Sorgen sollten dem Herzen und der Seele gelten, die Ihre Kinder in sich tragen, und den Werten, die sie vertreten werden. Dass sie überhaupt für Dinge einstehen. Und zwar für die richtigen.

Danach, wie unsere Kinder andere Menschen behandeln, wie sie mit Anderen umgehen, wird man sie beurteilen. Charakterfestigkeit, Fleiß, Hilfsbereitschaft, Disziplin, Zuverlässigkeit, Aufrichtigkeit und Rückgrat – all das ist keine Frage der Intelligenz. Denn wie auch immer ein Kind geartet ist: Es gibt weder total untalentierte Menschen, noch kommen Kinder böse auf die Welt. Es sind die Eltern und das soziale Umfeld, die die Kinder zu dem gemacht haben, was sie sind. Nervigkeit, Quengelei, Rabaukentum, durchgeknallte Kids, Problemkinder sind auch nur Signale dafür, dass es an Zuwendung, Zeit, Einfühlung oder Liebe mangelt.

Manche Eltern reden mit ihren Kindern, ohne etwas zu sagen. Sie sprechen, ohne die Kinder zu hören. Sie bauen Ängste, Unsicherheiten und Drohgebärden auf und grinsen dabei noch beschwichtigend.

Wie soll ein Kind sich wehren? Das wahrlich Traurige ist ja, dass sogar Kinder, die misshandelt werden, ihre Eltern nachweislich lieben!

Übertragen Sie nicht Ihre eigenen Probleme auf das Leben Ihrer Kinder. Jedes Kind auf dieser Welt will seine Eltern lieben dürfen und geliebt werden. Alles andere ist brutal! Das Leben an sich ist schwer genug, denn das Leben ist nicht fair.

Gute Erziehung bedeutet *nicht*, jegliche Frustration von Kindern fernzuhalten. Gute Erziehung bedeutet, Kindern beizubringen, wie man mit Frustration umgeht. Wenn Kinder nicht zu Hause *bedingungslose* Liebe aus vollstem Herzen erfahren, wo dann? Suchen Sie sich jemanden in Ihrem Leben, für den Sie die magische Mutti sein dürfen – oder der magische Papi! Es ist der wertvollste und beflügelndste Job der Welt, ja, es ist das lohnendste Geschenk, das das Leben für Sie bereithält! Geliebt werden von denen, von denen man sich Liebe wünscht. Mehr geht nicht!

Wer sich nicht selbst respektiert, den werden andere auch nicht nach vorne tragen. Einem Kind Respekt zu verweigern ist ein moralisches Verbrechen.

20
NEIN zu Trübsal und Starrsinn – JA zu Albernheit und Blödsinn
oder
Die gute Kinderstube

Weil Albernheit so viel Gutes für die Erziehung von Kindern tun kann, möchte ich ihr ein Kapitel widmen und daran erinnern, dass wir bewusst NEIN zu Trübsinn, mieser Laune und schlechten Manieren sagen sollten. Jede Familie sollte sich darauf konzentrieren, witzig zu sein. Jawoll!

Es kann die Dinge nur besser werden lassen.

Erstaunlicherweise ist ja kaum bekannt, was ein ausgeprägter Sinn für Humor in der Erziehung und der Entwicklung der eigenen Kinder an Wundern bewirken kann.

Nun sind ja leider die Deutschen auf der ganzen Welt für ihre Humorlosigkeit bekannt – mit mir als rühmlicher Ausnahme natürlich! Deshalb war ich auch in der Lage, unter Einsatz größter körperlicher und seelischer Risiken die Qualität der humorvollen Erziehung beim eigenen Kind experimentell zu erproben. Und meine Studien im eigenen Haushalt haben mir eine Welt voller Wunder eröffnet!

Ich glaube, dass es wohl mein Humor sein muss, der in der Erziehung meines eigenen Sohnes das Beste zutage gefördert hat. Es ist nie zu früh, mit Babys, Kleinst- und

Kleinkindern Blödsinn zu machen. Ich habe das vom ersten Tag an getan. Das Erste, was mein Sohn von mir wahrnahm, war vermutlich eine Grimasse.

Mit acht Monaten können Babys sogar schon ihre eigenen Witze erfinden – obwohl sie nicht mal sprechen können –, indem sie alberne Gesichter oder Geräusche machen, damit beginnen, etwas hinzuhalten und es dann wegzureißen, oder so tun, als würden sie schnarchen, oder ihre kleinen Pupse kommentieren.

Kinder mit spürbarem Sinn für Humor werden in IQ- und Kreativitätstests stets höher bewertet als der Durchschnitt. Denn Humor fördert die Sprach- und Lesefähigkeit der Kinder, wie auch die Fantasie, weil das Erzählen und Verstehen von Witzen eine differenzierte Beherrschung der Sprache erfordert.

Auch in der Schule erinnert man sich an humorvolle Lektionen besser als an staubtrockenen Unterricht.

Mit Sinn für Humor wird ein Kind leichter Freunde finden, Konflikte abfedern, sozial kompatibler sein und vor allem abstrahieren können. Kinder reagieren auch spontan auf Körperkomik, finden Absurditäten spannend, sind fasziniert von Ironie und Klamauk. Dies alles wird total unterschätzt! Es wird übersehen und so gut wie nie thematisiert, obgleich es so viele Probleme in der Kinderstube lösen würde.

Welch ein Reichtum uns durch Humor zur Verfügung steht, um die Anlagen in unseren Kindern und deren Potential zu entfalten – doch leider neigt der Deutsche zu Ernsthaftigkeit, Drill, trockenem Schuften, Eigenbrötelei, Büffeln, Pauken, Sturheit. Kein Wunder, dass Kinder hier ausscheren wollen und darauf nicht anspringen.

Weil Kinder von Natur aus soziale Wesen sind, werden sie auf wundersame Weise die Mimik Erwachsener verstehen, bevor sie sprechen können, dabei immer auf das achten, was bei der Mutter Freude erzeugt – und spielend selbst einen Sinn für Humor entwickeln. Nebenbei erleben die Kids durch das Vorbild ihrer Bezugspersonen, dass sie JA zu Abenteuer, Fantasie und Freude am Leben sagen können und NEIN zu Ödnis, Tristesse und Trübsinn. So bildet sich ein konstruktives Klima, ein Milieu, was Seele, Geist und Feinsinn von Kindern gedeihen lässt.

Bis Kinder ungefähr zwei Jahre alt sind, ist körperliche Komödie eine Wunderwaffe. Für offensive Schönheit haben Babys nämlich keinen Sinn! Falten, dicker Hintern, Bauchspeck und Hängebusen – kein Thema im Kosmos eines Kinderzimmers. Allein schon dafür muss man die Zwerge lieben!

Wenn Sie sich dazu als Mutter selbst auf die Schippe nehmen und sich völlig uneitel lächerlich machen, werden Kleinkinder Ihnen gegenüber in größten Gehorsam verfallen.

Wenn Mutti oder Papi sich zum Hampelmann machen, gerne den Clown geben, die Salatschüssel als Hut tragen, das Lätzchen zum Kopftuch binden, auf dem Boden herumturnen, die Hände in die Schuhe schieben und auf allen Vieren herumkrabbeln ... Glauben Sie mir, damit machen Sie sich zur Liebe eines Lebens – egal ob als Tante, Oma, großer Bruder oder Onkel aus Amerika: sagen Sie JA zur Körperkomik!

Und die Kinder werden sofort auf ihre Weise antworten: vor Freude hopsen wie ein Frosch, drollig über den Boden kullern, mit den Füßen Applaus klatschen ... Der ganze herrliche Blödsinn ist eine eigene Kommunikationsebene, und Eltern sollten ein breites Lachen auf ihrem Gesicht haben, wenn

Kinder eine Performance abliefern. Von Natur aus sind alle Kinder sozial, sie verstehen schon als Babys das Gefühl von Freude, Glück und Spaß und werden immer Dinge nachahmen, die ganz offenkundig andere zum Strahlen bringen. Kaum zu glauben, wie all dies die Synapsen im Hirn zu maximaler Leistung treibt. Humor fördert alles bei Kindern, Musikalität, Sprache, Intelligenz, Neugier ... Er ist ein wahres Zaubermittel!

Und wenn Kinder ab zwei Jahren lernen, die Sprache zu beherrschen, werden sie schnell begreifen, was verbale Witze auslösen können. Einige der leichtesten Witze, die jüngere Kids begreifen, sind im Grunde genommen haarsträubende, absurde Lügen. Versuchen Sie also, den Humor der Kinder hervorzukitzeln, indem Sie einfach Dinge behaupten, von denen die ganze Familie weiß, dass sie falsch sind – wer weiß, vielleicht erziehen Sie auf diese Weise einen zukünftigen Politiker?

* Ist der Himmel heute nicht schön grün?
* Komm an den Tisch! Es gibt heute gebratene Dinosaurier zum Abendessen.
* Ich werde morgen ausschlafen, also kannst du einfach aufstehen, Frühstück machen und dann mit dem Auto zur Vorschule fahren, okay? Machen wir so?
* Putz deine Zähne, sonst fallen die alle raus!

Mir ist es wichtig zu betonen, dass Freude am Leben auf allen Ebenen von Anfang an gefördert werden sollte. Humor bedeutet Talent!

Kinder sind das Beste, was das Leben zu bieten hat – und sie sollten emphatisch vermittelt bekommen, dass wir NEIN zu Humorlosigkeit, Starrsinn, Engstirnigkeit, Sturheit sagen.

Ausrottbar sind all diese Dinge, die uns das Leben schwer machen, nicht, aber die Entscheidung, wie wir damit umgehen, liegt in unserer Hand.

Auf jeden Fall hat jeder die Möglichkeit, sich für ein deutliches NEIN zu entscheiden, wenn es um gutgemeinte Ratschläge in der Kindererziehung geht, um Schubladendenken und Intoleranz. Die übliche Frage an uns Rabenmütter lautet ja bekanntlich:»Ist das Kind nicht zu kalt angezogen?« Dazu sage ich nur:»NEIN, wir leben nicht im Iglu. Mein Sohn trägt nur am Nordpol Mütze«.

Die Dinge, zu denen wir bewusst NEIN sagen, definieren schließlich, wer wir sind.

Und wie ich einst einer besorgten Ökomutti auf die Frage antwortete, ob ich denn genug Zeit mit meinem Sohn verbringen würde, weil ich doch berufstätig sei:»NEIN! Aber wenn mein Sohn abends noch am Leben ist, habe ich meine Pflicht als Mutter getan!«

Das ist überhaupt eine der perfidesten Angriffsebenen, um berufstätige Mütter zu diskriminieren: Den vollen Einsatz, den eine Frau täglich und zusätzlich zu Haus und Familie in Karriere und Beruf erbringt, zum Anlass zu nehmen, die Leistung anzuprangern, anstatt ihr Respekt zu zollen. Wie oft habe ich es hören müssen:»Ach, und wenn Sie abends auf der Bühne stehen, wo ist dann Ihr Sohn?«

Erstens: Ich arbeite nicht nur abends, ich arbeite den ganzen Tag. Ich kenne keinen Feierabend. Und zweitens: Ich habe meinen Sohn von Anfang an *überall* mit hingenommen. Er hat Theatersprache, gutes Deutsch, Literatur, Kunst und Oper kennengelernt, mich zu Ausstellungen, Nachtclubstippvisiten, diversen Gerichtsprozessen von klein auf begleitet. Und wenn das Tagesprogramm hieß: »Wir gehen in den Park und kaufen einen bunten Ballon«, dann wurde das gebührend zelebriert.

Sogar den Christopher Street Day hat er vom ersten Lebensjahr an mitgemacht. Und was ist daran schon groß anders als beim Oktoberfest? Dort wird auch jeder Stöpsel in seiner Lederhose im Bierzelt umjubelt und auf Schultern getragen. Für Bildung und Empathie sind Kinder nämlich nie zu jung. Mein Sohn war bereits in den ersten zwölf Monaten seines Lebens in Theaterkantinen, Anwaltsbüros, auf Kreuzfahrtschiffen, in Kirchen, Museen, Flugzeugen, in der Paris Bar und in Discos und Dance-Clubs. Kindergarten und Spielplätze erschienen ihm danach wahrscheinlich eher wie Wellness-Bereiche. Aber theoretische Belehrungen übers Leben konnten wir uns auf diese Weise vollumfänglich sparen. Sicher, man kann zwar Betreuung kaufen, aber nicht die Liebe. In einem Klima der Liebe machen Kinder *alles* mit.

Allerdings habe ich den großen Vorteil, Alleinerziehende in der vierten Generation zu sein. Meine Vorfahrinnen waren schon Amazonen, bevor es das Wort »Frauenrechtlerin« überhaupt gab. Offenbar vermehren wir uns nicht in Gefangenschaft!

21
NEIN zu Taktlosigkeit
oder
Die Hohe Schule
der Diplomatie

Die Welt hat sich ein Ei gelegt ... ein Ei, das so gigantisch ist, dass es nur aus einem verdammt schmutzigen Anus kommen kann. Aus diesem Ei ist eine Schlangenbrut geschlüpft, die auf den hippen Namen *Fake News* hört. Und in kürzester Zeit hat diese Ausgeburt der Hölle eine erstaunliche Karriere hingelegt.

Durchgeknallten Scheiß zu posten ist eine Ware geworden, eine Marke. Ein börsennotiertes Start-up. Ein Berufsfeld. Denn Falschmeldungen und Lügen verbreiten sich über Twitter schneller als jede holde Wahrheit. Mit Fake News stillt man die Sensationsgier der Menschheit.

Wen interessieren noch seriöse Informationen? Die verkommen zum Ladenhüter! Viel erfolgversprechender sind da doch Lügen wie die, dass ich ein zur Frau umgebauter Mann bin! Ich hab das mal analysiert: Ein entsprechender Post würde laut Statistik von 3 Millionen Menschen geteilt werden und 4,5 Millionen Tweets auslösen. Hinzu kommt dann natürlich die mediale Berichterstattung und die Mundpropaganda ... ein nicht zu bremsendes Schneeballsystem!

Und das Kind hat sogar einen schicken Namen: *urban legends!* Naja, wenn es Englisch ist, dann ist es ja fast schon wahr und *fashionable* dazu, gewissermaßen eine Designerlüge ... Ich übersetze es mal als »Schwachsinn«. Welchen Wert hat überhaupt noch die Wahrheit? Hauptsache, eine Meldung ist überraschend, spannend und erzeugt Angst oder Ekel! Und man muss sich nicht mal mehr die Mühe machen, den rein der Verblödung dienenden Scheiß selbst zu teilen: Nein, das übernehmen Software und künstliche Intelligenzen automatisch.

Die Lüge liegt voll im Trend! Und es wird keiner etwas dagegen unternehmen können, denn die Menschheit nimmt *Fake News* gerne in Kauf, weil diese der Stärkung der eigenen vorgefassten Meinungen und Ansichten dienen. Jede falsche Schwachsinnsmeldung nützt der Selbstbestätigung des Konsumenten, denn sie vermittelt dem Leser das erhabene Gefühl: »Hab ich doch mal wieder Recht gehabt! Ich hab's ja gewusst, dass da irgendwas merkwürdig war!«

Wenn Dummheit knallen würde, wäre inzwischen das ganze Jahr Silvester! Mit der Blödheit der Leute lässt sich mehr Umsatz machen als mit seriösem Catering für eine Kundschaft mit Hirn.

Falschnachrichten stimulieren Emotionen. Sie erzeugen Gefühle, sind krass und eindimensional formuliert. Sie erzeugen sogar Widerspruch in sich, was noch mehr Bewegung in die Chose bringt. Und da uns niemand die Lügengeschichten hinter vorgehaltener Hand ins Ohr flüstert, gibt es nicht mal einen Übeltäter, auf den man mit dem Finger zeigen kann und der als »Lügner« bloßgestellt werden könnte. Es steht dann halt im Netz. Die anderen haben es ja auch gelesen!

Am Ende ist es wieder niemand gewesen. Das schleichende Gift, das *Fake News* und Notlügen innewohnt, ist, dass wir rund um die Uhr desensibilisiert werden. Immer unglaublicher, aufsehenerregender, krasser ... die Schmerzgrenze sinkt und man schaut nicht mehr so genau auf die Details, weil Notlügen wie Formeln oder Hieroglyphen inzwischen schon ihre eigene kryptische Botschaft entwickelt haben.

»Ich habe den Bus verpasst«, heißt in der ehrlichen Übersetzung: »Ich konnte heute Morgen um sechs einfach nicht NEIN zu einem Quickie sagen. Im Halbschlaf die Beine breitmachen hat immer so was Animalisches, Leute, das liebt ihr doch auch?« Jeder im Büro wird die späte Ankunft süffisant weglächeln und sich vielsagend räuspern ... Und was wäre hier die Alternative? Zu sagen: »Hilfe, ich bin ganz wund im Schritt, hab's nicht mal geschafft noch zu duschen ...«?

Okay, eine solche Notlüge muss man als das nehmen, was sie ist. Wir sind ja dankbar, wenn uns solche Details erspart bleiben, nachdem wir schon genug gehört haben von dem Liebhaber, der mit 82 seinen zweiten Frühling erlebt. Und nichts ist schlimmer als die Vorstellung, dass ein alter Bock sich beim Rammeln am Rollator abstützt ...

Aber es gibt auch eine harmlosere Ebene, in der man sich fragt, warum man es bei aller Liebe und Unschuld überhaupt nötig hat, zur Lüge zu greifen.

Wenn Uschi mir am Geburtstag einen liebevoll dekorierten, selbstgebackenen Mohnkuchen ins Büro mitbringt, der einfach scheußlich schmeckt, nehme ich ihn mit nach Hause, um ihn dort zu entsorgen. Er wandert direkt in die Tonne, weil ich Mohn hasse. Hätte ich bloß vor einem Jahr zu Uschi gesagt, dass ich keinen Mohn mag! Aber da habe ich auch schon gelogen, Freude geheuchelt und am nächsten Tag zu ihr gesagt: »Dein Mohnkuchen war sensationell, wir haben ihn alle genossen!« Deshalb habe ich ja dieses Jahr auch wieder einen bekommen ... Es war falsch zu glauben, dass es bequemer ist, auf eine harmlose Lüge zurückzugreifen, als die Gefühle einer lieben, mütterlichen Kollegin zu verletzen.

Falsche Rücksichtnahme ist immer ein Trugschluss! Es ist ein leichter Ausweg, eine Notlüge aufzutischen, aber es gibt kreative Alternativen, die es erlauben, ehrlich und dennoch respektvoll zu handeln. Der Teufel steckt im Detail, denn eine kleine, weiße Notlüge zieht das nächste Mal eine weitere, ein klitzeklein-bisschen größere Lüge nach sich. Die Unwahrheit wird zu einer Blase, der nicht mehr zu entrinnen ist.

Eine kreative Alternative von geradezu diplomatischer Finesse wäre zum Beispiel, der backbegeisterten Kollegin zu sagen: »Danke, dass du wieder an mich gedacht hast, Uschi! Das ist wirklich so lieb von dir, mir einen selbstgemachten Mohnkuchen mitzubringen! Ich hab davon letztes Jahr gar nichts abbekommen, weil die Nachbarn ganz begeistert alles vertilgt haben. Aber das war ehrlich gesagt auch okay, denn hatte ich dir schon mal gesagt, dass ich alter Cheesecake-Fan Mohn nicht mag?«

Ethisch gesehen ist der Verzicht auf brutale Ehrlichkeit nicht gleichzusetzen mit Lüge. Und selbst Notlügen kann man ähnlich umschiffen wie gnadenlose Ehrlichkeit. Denn gnadenlos ehrlich zu sein ist nicht unbedingt der Weg zu besserer Kommunikation. Ein bisschen zu schummeln hingegen dient oftmals dem Erhalt des gegenseitigen Respekts. Man muss die Lüge dabei großflächig umfahren, ihr so weit wie möglich ausweichen. Ein Beispiel:

Vor Kurzem hatte ich ein wichtiges Meeting in einem smarten Berliner Gourmettempel namens Grill Royal. Neuerdings hat ein Ableger im alten Westen eröffnet, er nennt sich Petit Grill Royal. Gehetzt wie Madame mal wieder war, habe ich bei der vielen Texterei nur »Grill Royal« gelesen und bin dort auch relativ pünktlich aufgeschlagen. Nach 30 Minuten, die ich alleine am Tisch sitzend verbrachte, habe ich dann meiner Begleitung gesimst, dass ich leider schon länger hier alleine warte. Wir suchten uns im Restaurant, ohne uns zu finden, bis sie mich schließlich fragte, ob ich vielleicht im falschen Grill säße. Ohaaa! ... Ich bin zwar umgehend in ein Taxi gesprungen, aber stieß dank des Berliner Verkehrs trotzdem erst mit riesiger Verspätung zum Team, welches sich eigens meinetwegen versammelt hatte. Sehr unangenehm! Das Ganze wurde von einer Producerin geleitet, die ich bis dahin nur vom Telefon kannte. Und man kennt ja diese Menschen, die völlig anders aussehen als sie klingen ... eben. Ich erwartete eine sympathische, eher dynamisch-sportliche junge Frau und war baff ob der, nun ja, korpulenten und modisch exzentrischen, auffallend bunten Chefin mit hennarotem Haar, das im Nacken nicht nur schwarz, sondern auch noch ausrasiert war. Puh!

Wäre ich gnadenlos ehrlich, hätte ich beim Eintreffen zur Gastgeberin sagen müssen: »Oh Gott, für dieses enge Kostüm mit dem kurzen Rock in Hahnentritt-Muster hast du einen viel zu fetten Hintern! Aus den Quadraten auf deinem Arsch werden ja Kreise. Und der Look lässt dich viel älter aussehen, als du eh schon bist! Da hätte der GMK von *Shopping Queen* aber ordentlich was zum Lästern ...«

Stattdessen war ich eh schon in der Defensive ob meines Zuspätkommens und sah mich daher sogar noch zu einem charmanten Kompliment gezwungen, um den Druck aus der unliebsamen Situation zu nehmen. Folglich hörte ich mich sagen: »Oh, das muntert mich wenigstens auf, dass ich nach der grässlichen Fahrt hier auf so eine flotte Truppe stoße!« Als ich mich akklimatisiert hatte, entschied ich mich, weiteren Notlügen kreativ auszuweichen. Tatsächlich sprachen wir über Mode und Looks, geradewegs so, als wäre besagte Producerin Coco Chanel. Sie fragte mich, wie mir ihr neues Kostüm gefiele?

Meine Lippen formten den Satz: »Dieses Hahnentrittmuster liebe ich sehr, aber die Silhouette ist durchaus gewagt!« Es ist immer gut, Komplimente mit Feingefühl zu verpacken.

Die jüngere Assistentin, die dabei saß, sah auch nicht besser aus. Sie wirkte – offenbar nach einem Friseurbesuch in der Hauptstadt – mit ihren grünen Haaren nicht nur wie Kermit, sondern mit Undercut und Minipli gleichzeitig wie ein Pudel.

Ich kommentierte dies mit: »Keine Stadt der Welt hat soviele Friseure wie Berlin, da gehört es einfach zum Sightseeing dazu, mal zu experimentieren!«

Ehrlichkeit ist vor allem im Berufsleben ein dehnbarer Begriff. Und ganz besonders im Showbusiness. Da sollte man mit Ehrlichkeit gar nicht erst rechnen.

Die Party beim RTL-Chef war todlangweilig? »Ich habe mich selten so gut amüsiert!«, hört man die ganzen arbeitslosen Schauspielerinnen auf dem nächsten Empfang flöten. Das Schwierige ist bei einer solch skrupellosen Lüge, nicht zu übertreiben und authentisch zu wirken. Umso schamloser, faustdicker die Lügen sind, desto unschuldiger wird dabei gegrinst und mit den angeklebten Wimpern geklimpert. Aber dieses soziale Umfeld sind TV-Chefs gewohnt! Denen sagt eh keiner mehr die Wahrheit. Bei RTL lispelt ja auch niemand ... da sind sich alle einig!

In den Bereich der gesellschaftsfähigen Notlüge fällt übrigens auch das widerwillig abgesonderte »Okay«. Es ist eben noch kein klares NEIN, aber es klingt auch nicht nach begeisterter Zustimmung. »Okay« hat etwas von »Na gut, euch/ dem Team zuliebe lasse ich mich breitschlagen!« Mit einem Okay kann man sich durch Grauzonen hindurchmäandern. Und wenn am Ende dann alles schiefläuft, kann man sich immer noch darauf berufen, dass man ja eh von Anfang an nicht wirklich überzeugt war von der Idee ...!

Natürlich ist es immer schön, ehrlich zu bleiben. Aber vieles im ganz normalen Alltag ist so schrecklich und unsensibel, peinlich, plump, unanständig, dass man es ohne Ausreden, Umwege, diplomatische Floskeln gar nicht überstehen kann. Nehmen wir folgendes Beispiel:

Ich war letztens bei wirklich lieben Freunden eingeladen, die das Manko haben, dass sie eine riesige Dogge besitzen, die nicht nur zur Begrüßung sabbernd am Besuch hochspringt, sondern darauf aus ist, mit triefenden Lefzen mit der Schnauze den Rock anzuheben und jeden Gast im Schritt zu beschnuppern. Wenn nicht gar zu lecken. Ich möchte das nicht. Und ja, schon klar, »der will doch nur spielen«. Aber solche Hunde will ich nicht kraulen, und süß finden kann ich sie schon mal gar nicht.

Ich werde mich also hüten, da nochmal hinzugehen. Weil ich aber höflich bin und dieser unsäglichen Obszönität keinen Entfaltungsspielraum geben möchte, sage ich nicht, dass mir der ekelhafte Köter komplett auf den Zeiger geht und ich es eine Unverschämtheit finde, mich derartig übergriffigen Attacken auszusetzen. Stattdessen verabrede ich mich mit besagten Freunden nur noch in Restaurants, in denen Hundeverbot herrscht. Gerne lade ich sie auch ins Kino ein. Oder ins Theater. Da muss der Hund dann leider in seiner Hütte bleiben.

Auf diese Weise habe ich etwas Unangenehmes abgewendet, ohne auch nur eine einzige Lüge in den Mund zu nehmen. Auf meine typisch dezente, höfliche Weise habe ich NEIN gesagt, ohne das Wort auch nur auszusprechen, und damit nicht nur klare Grenzen gezogen – ich habe einen Zaun errichtet: Der Köter kommt mir nicht ins Haus!

Schonungsvoll und einfühlsam vorzugehen kann weder in der Partnerschaft, noch unter Kollegen und Freunden falsch sein. Es schadet nie.

Zu der Aussage, dass eine Freundschaft wertvoll sein soll, in der nicht Tacheles geredet werden kann, sage ich jedoch eindeutig NEIN! Gerade in einer engen Freundschaft muss es möglich sein, ehrlich miteinander umzugehen. Aber mimosenhafte Seelen verhindern das nur allzu oft. Da wird man praktisch von den besten Freunden zu Notlügen gezwungen, um noch heil davonzukommen.

Oftmals ist man besser damit bedient, seine Meinung komplett für sich zu behalten, damit Freundschaften nicht in die Brüche gehen. Aber was soll man zum Beispiel machen, wenn die groß angekündigte neue Liebe des allerbesten Herzensfreundes sich als absoluter Kotzbrocken entpuppt? Gerade wenn wir bereits im Vorfeld wissen, dass eine eigene Meinung definitiv nicht gut ankommen wird, kann es sinnvoller sein, einfach die Klappe zu halten und die bittere Wahrheit für sich zu behalten. Denn selbst das ehrlichste und wahrlich gutgemeinte Feedback kann in einen handfesten Streit münden und zu einem Bruch der Freundschaft führen, sobald Herzensangelegenheiten im Spiel sind. Hier heißt es abzuwägen! Ist es uns das wert? Die Nebenwirkung der bitteren Pille, die wir verabreichen wollen – nämlich das unser liebster Freund gerade mal wieder einem abgezockten Grindr/Tinder-Stricher tüchtig auf den Leim geht, der sich als Model aus Miami verkauft – mag größer sein, als der zu erwartende Nutzen.

Wie in der Medizin muss man den neuen Lover als Mittel zum Zweck betrachten und sich fragen: Ist dieses gutgebaute Präparat lebenserhaltend, auch wenn die Nebenwirkungen jede Menge Risiken beinhalten?

Wohlwollendes Abwägen ist also gefragt. Nicht alles, was in uns vorgeht, muss offenbart werden. Wenn der liebste Freund nun mal erwiesenermaßen nicht allein sein kann und seinen Spaß mit einer 25 Jahre jüngeren, gebleachten Bananenpflückerin haben will, die sich willig im Netz als »rasiert« angeboten hat, und der nur geile Haare, geile Schuhe und eine gut bestückte Hose wichtig sind, dann ist das seine persönliche Entscheidung. Die muss man einfach respektieren, wobei man sich sicher sein kann: *Alle* reden drüber! *So what?* Ist doch egal! Denn was bringt es, eine Bombe mitten in das junge Glück zu werfen, wenn es doch so possierlich in Verliebtheit schwelgt? Da ist es doch besser, wenn man seine Zweifel für sich behält und im Laufe eines lustigen Abends alle einvernehmlich zu der Erkenntnis gelangen, dass riesengroße Penisse Fluch und Segen zugleich sind ... sowohl bei Bananenpflückerinnen als auch bei Heten ... Kann ja vielleicht doch noch eine ganz schöne Veranstaltung werden. Wenn man sich tatsächlich nicht aus der Affäre ziehen kann, weil einen herzensgute Freunde vereinnahmen wollen, Freunde, die man wahrlich nicht verletzen möchte, gibt es immer noch die Möglichkeit, eine ehrliche Absage artgerecht zu verpacken:

Ich habe zum Beispiel eine sehr liebe und prominente Freundin, die in ihrem Club ein Glamour-Quiz veranstaltet (es allerdings »Pub-Quiz« nennt). Ich bin beim besten Willen keine gute Quizteilnehmerin, ich hasse Quizzes. Für mich ist ein Quiz eine Ansammlung nutzlosen Wissens, was man nie wieder anwenden wird und einen auch kein Stück klüger macht. Ich will also nicht hin. Doch immer und immer wieder werde ich als Stargast eingeladen, und ständig schiebe ich fadenscheinige Ausreden vor, dass ich leider verhindert sei. Irgendwann habe ich dann zu meiner lieben Freundin gesagt: »Weißt du was, ich bin nicht der Typ für so ein Quiz. Ich wollte dir das schon lange mal gesagt haben: Du machst das toll für Gäste, die Karaoke und ein nettes Quiz wollen, aber wer kein Fan davon ist, der ist da fehl am Platze. Ich wäre keine gute Teilnehmerin, ich weiß einfach nichts.« Damit habe ich ein für alle Mal Klarheit geschaffen, und zwar ehrlich, taktvoll und aufrichtig.

Sie machen sich Sorgen, dass Ihre Freunde beleidigt sein werden, wenn Sie ihnen höflich die Wahrheit sagen und zeigen, was Sie mögen und was nicht? Dann machen Sie sich wirklich die falschen Sorgen, denn was sind das für Freundschaften, die sowas nicht aushalten? Schließlich lasse *ich* auch die Hobbys und Vorlieben anderer gelten – und so kann ich zurecht Verständnis dafür erwarten, wenn *mir* etwas nicht liegt. Das ist definitiv besser, als Langeweile zu verbreiten und ein Spielverderber zu sein. Es ist ein befreiendes Gefühl, ehrlich zu sein und dabei dennoch die persönlichen Grenzen abzustecken: Höflich und taktvoll habe ich eine Mauer errichtet – und es wird auch in Zukunft nichts geben, wofür ich mich zu entschuldigen hätte.

Dies ist die hohe Schule des NEIN-Sagens. Ablehnen mittels Erklärungen, ohne dass dieses kleine, gefürchtete Wörtchen »NÖ« überhaupt fällt.

Ich habe mir angewöhnt, auf gesellschaftlichem Parkett gewisse Themen zu meiden: Politik, Krankheiten, Geld ... Mit Sex hingegen liegt man eigentlich immer richtig. Hinweise aus der frivolen Ecke sind weltweit überall willkommen. Außer vielleicht bei Angela Merkel. Aber die greift sich eh nur noch in den Schritt, um ihre Gebärmutter zurückzuschieben. Das würde ich ihr natürlich niemals ins Gesicht sagen, weil ich ja taktvoll bin. Wobei natürlich jeder meiner Meinung ist und weiß, dass es stimmt.

Aber auch eine allseits bekannte, allgemeine Ansicht zu verschweigen kann einfühlsamer und gleichzeitig aussagekräftiger sein als schonungslose Offenlegung der eigenen Meinung.

Soziale Notlügen sind natürlich nicht mit Steuerbetrug oder wissentlichen und gezielten Falschaussagen zu vergleichen, mit einem ganz bewussten In-die-Irre-Führen oder intrigant platzierten Fehlinformationen. Geschweige denn mit Heimlichkeit und feiger Unaufrichtigkeit, mit Fremdgehen, Betrug und Hintergehen in Partnerschaft und Ehe.

Dem widmen wir uns hier nicht, das füllt als Thema ja eigene Bibliotheken. Und ich hätte zu diesem Thema wahrlich viel preiszugeben.

Die Frage ist also: Sollen wir die kleine Gesellschaftslüge aus Takt und Feingefühl durchgehen lassen? Ich denke, die Antwort sollte hier eindeutig JA lauten, denn es bringt die Menschen nicht weiter, sich gegenseitig bloßzustellen. Wenn man jedoch darauf abzielt, dann muss man Ort und Zeit gezielt wählen und eine Riesenshow draus machen, am besten vor großem Publikum und mit flächendeckender medialer Begleitung.

Nichts passt besser zueinander als Reality-TV und *Fake News*. Wahrheit, Lüge, Gerüchte, Skandale, Schlagzeilen, Social-Media-Kanäle – alles wird vermischt wie eine sämige Soljanka. Das passt wie Arsch auf Eimer, denn im Zweifel kann die ganze Blamage als Unterhaltung verkauft werden.

Wenn sie nun aber nicht gerade der Schonung von *friends and family* dienlich ist, bin ich der Ansicht, dass man sich jede kleine Notlüge, die man rein aus Bequemlichkeit servieren will, gut überlegen sollte! Denn alles, was bequem und unauffällig daherkommt, wird schnell zur Gewohnheit. Und wer sich erstmal an die großen und kleinen Lügen gewöhnt hat, der empfindet über kurz oder lang auch faustdicke Halbwahrheiten als »Notlüge«. Die Schmerzgrenze in Sachen genereller Aufrichtigkeit sinkt schleichend, und bald sind bei charakterschwachen Kandidaten Lüge und Wahrheit nicht mehr voneinander zu trennen.

Die Grenzen sind diffus, sie liegen im Ermessen des Einzelnen und sind nicht kontrollierbar. Den Ruf, integer zu sein, kann man sich allerdings auf diese bequeme Tour nicht bewahren – und Integrität ist ein grandioses Schutzschild gegen Angriffe aller Feinde, Widersacher, Neider und Intriganten, die uns mit einem freundlichem Lächeln und dem Sektglas in der Hand umgarnen, wenngleich sie sich mit anderen über uns das Maul zerreißen.

Ich persönlich habe gelernt zu reden, ohne viel zu sagen. Das habe ich auf Premierenpartys trainiert. Dabei ist es wirklich von Vorteil, ein Meister des Zuhörens zu sein. Die richtigen Fragen zu stellen und zu erleben, wie andere sich um Kopf und Kragen plaudern. Und was für eine gestörte Selbstwahrnehmung sie dabei an den Tag legen. Das kann ausgesprochen amüsantes Kino sein.

Vieles kann man übrigens aussprechen, ohne überhaupt zu reden. Blicke genügen da oft schon. Sich mit Meinungen zu duellieren, sich in Floskeln festzufahren, das ist hinderlich für jeden Dialog. Einen Konsens herzustellen, auf einen gemeinsamen Nenner zu kommen, ohne andere auszutricksen, das Beste für alle Beteiligten zu erreichen, dabei nicht persönlich zu werden, sondern sachlich und professionell zu bleiben, das allerdings ist die Sprache der Diplomatie, die aus so manchem NEIN ein JA werden lässt und mit einem erstaunten »JAAA?« bereits zur nächsten Frage überleitet.

Ich liebe die hohe Schule der Diplomatie, denn sie meistert die schwierige Aufgabe, Konflikte konfliktlos auszufechten. Sie formuliert karg und vermag damit alles zu sagen. Sie meidet Eskalation und Gegenwehr, schafft stattdessen Vertraulichkeit und findet Lösungswege. Sie wird nicht umsonst als »hohe Kunst« bezeichnet und ist so absolut gar nichts für dumme Menschen. Ein guter Diplomat wird weder lügen noch betrügen – er muss aber längst nicht alles sagen. Gesichter sind zu wahren – das eigene ebenso wie das des anderen! Und zwar jederzeit.

Diplomaten gelangen ans Ziel, ohne Spannungen und Differenzen zu erzeugen. Sie sagen nonstop JA, stimmen dabei jedoch nur den unwichtigen Details zu und bleiben in der Sache hart, wenn es um ihr anvisiertes Ziel geht. Sie benutzen das Wort NEIN so gut wie nie, wohl wissend, dass der gerade Weg selten zum Ziel führt, und gewinnen bei all ihren Umwegen eine sagenhafte Ortskenntnis. Ich liebe Diplomaten! Besonders wenn sie smarte Anzüge tragen. Und gutes Schuhwerk. Zu so einem Mann würde ich keinesfalls NEIN sagen! Schon gar nicht, wenn ich seine Sekretärin wäre. Ich würde immer freundlich bleiben und lächeln. Ich würde diplomatisch und diskret fragen: »Könnte es sein, dass Sie bei all der harten Arbeit ein wenig Entspannung brauchen?« Ich würde abwarten und mich in Geduld üben. Und wir würden schnell auf einen gemeinsamen Nenner kommen! Jederzeit würde ich für die richtige Atmosphäre sorgen und die Contenance bewahren. Besonders bei meinen Überstunden am Wochenende. Ich würde ein Fingerspitzengefühl an den Tag legen, das meinem Diplomaten Hören und Sehen vergeht. Ich würde nicht unterbrechen. Ich würde professionell bleiben und wäre für neue Vorschläge offen. Sehr offen. Ich wäre authentisch. Am Ende würde ich JA sagen! Zu mehr oder weniger allem.

Wäre ich doch in jungen Jahren bloß nach Brüssel gegangen! Das hätte mir ein Nacktcover-Shooting kurz vor der Rente erspart!

22
NEIN zur Selbstverleugnung
oder
Everybody's Darling?
Och NÖÖÖÖ!

Ein aufmerksamer Leser dieses Werkes hat an diesem Punkt vielleicht bereits sein neues Leben begonnen. Möglich wäre es. Denn so viel ist hoffentlich klar geworden: Wir kommen ohne das N-Wort mit den vier Buchstaben nicht aus!

Man denke nur an das dreijährige Kind, das aufstampft und schreit: »NEIN, das zieh' ich nicht an! NEIN, die Suppe ess' ich nicht!« Hier wird sich abgegrenzt, hier wird die eigene Persönlichkeit geformt! Nehmen Sie dem tobenden, kleinen Monster nicht die Identität, verhandeln Sie stattdessen. Oder noch viel besser: Zelebrieren Sie seinen Widerstand, denn erst durch das selbstbestimmte NEIN ist die Abnabelung final geglückt.

Ohne stahlharten Widerstand hätte meine nunmehr 40 Jahre während Karriere längst ein frühes Ende genommen. Aber NEIN, ich lasse mich nicht verbiegen und dabei bleibt es, basta!

Ich frage mich dennoch bisweilen, warum ich meine Berühmtheit nicht nur als Berliner Naturgewalt erlangt habe, sondern warum ich als eine der am härtesten arbeitenden Künstlerinnen der Welt gelte: Comedian, Schauspielerin,

Schriftstellerin, Diseuse, Realitystar, Geschäftsfrau, Designerin, Produzentin, Immobilienfachfrau, Interior Designerin, Fashionista ... wo ich doch hauptberuflich Pferdezüchterin bin. Das weiß nur keiner, weil meine hervorstechendste Eigenschaft die Diskretion ist. Lassen Sie es mal einfach so stehen ...

Dieses breitgefächerte Spektrum wäre gar nicht abzudecken, wenn ich allem und jedem gefallen wollen würde.

Und ich verrate Ihnen ein Geheimnis: Um im Leben weiter zu kommen, sollte man sich immer wieder von falschen Vorstellungen verabschieden, vor allem aber von einer: Es ist unmöglich, es allen recht zu machen!

Selbst Genies und Ikonen der Wissenschaft, Kultur, Politik, Kunst haben Feinde. Zum Held wird nur, wer seine Widersacher überwindet.

Wer heute ad hoc berühmt werden will, kann sich allerdings all diese Mühen, die hinter mir liegen, ersparen. Ja, wirklich – es gibt tolle Abkürzungen. Man muss nur beherzt JA sagen zur völligen Selbstverleugnung.

Nehmen wir das Phänomen Helene Fischer, mit bürgerlichem Namen Svetlana Lutschkowskaja. Man höre und staune, dass Frl. F. eine Ausbildung habe und tatsächlich singen könne.

Jeder echte Musicaldarsteller singt und tanzt besser als Deutschlands erfolgreichste, weißrussische Schlagersängerin. Es ist also ziemlich klar, dass Frl. F. zum Schlager wechselte, weil sie nicht dem Niveau ausgebildeter Musicaldarsteller entspricht. Sie ist wie ein mittelmäßiger Gourmetkoch, der eine Currywurstbude aufgemacht hat. Um mit der Konkurrenz im angestrebten Beruf mitzuhalten, hat es nicht gereicht, also hat sie sich hinten angestellt und wurde da die Beste. Jeder aus Ensemble und Chor einer Musicalproduktion hat mehr drauf als Helene. 365 Vorstellungen pro Jahr als Katze im Plüschkostüm machen aus dir eine steppende Maschine. Und mit dieser Qualifikation landest du am Broadway bestenfalls in der hintersten Reihe – ein Riesenerfolg in meiner Branche! Denn jeder weiß, was das heißt ... Das ist genau so, wie wenn McKinsey zum Praktikanten sagt: »Du kannst bei uns bleiben und darfst für uns alle Kaffee kochen.« Mehr geht nicht!

Aber keiner hat ein so gutes Marketing wie Fräulein F. Dadurch wurde sie zur Marke. In der Vielfalt ausgebildeter Musicaldarsteller der anerkannten Hochschulen läge Mrs. F. unter dem Mittelmaß. Doch als Schlagerstar ist sie ganz oben. Zu Recht! Sie präsentiert höchstes Niveau für alle, die noch nie eine richtige Show gesehen haben. Wenn man ansonsten nur auf dem Schützenfest schunkelt und den Bembel schwingt, staunt man über hochgeschlitzte Kleider, braune Beine, Flitterregen und Spagat. Endlich kann eine mal was ... Das alleine zeigt schon, an welchen Trash sich das deutsche Volk gewöhnt hat. Man staunt bereits, wenn überhaupt mal jemand den Ton halten kann. Wir sind im deutschen Showbiz schon dankbar, wenn wir nicht mit Amateuren abgespeist werden – denn das wird uns ja hauptsächlich serviert. Selbst Teilnehmer, deren Namen noch nie einer gehört hat, werden als »Stars« verkauft. Und fühlen sich auch so.

Wir konsumieren jeden Tag einen Haufen Scheiße, über den man ein goldenes Tuch legt, auf das man Parfum sprüht. Das mag vorerst okay sein, fängt aber nach einer Weile an zu stinken. Es ist und bleibt nun mal Scheiße, egal wie man sie verpackt. Und die üblen Nebenwirkungen lassen sich nicht kaschieren. Zumindest nicht auf Dauer.

Genau wie bei *Let's Dance!* Da sind inzwischen die Moderatoren berühmter als die Teilnehmer. Schade, dass internationale Tanzsport-Wettkämpfe nicht mehr übertragen werden. Leider gibt es die nur noch regional und unter Ausschluss der Öffentlichkeit – wie klassisches Ballett. Der Tanzsport hat halt keine Lobby! Und diejenigen, die aktiv dabei sind, sind zu beschäftigt mit hartem Training, um sich über Ausstrahlungsrechte Gedanken zu machen. Allein dadurch wurde die Nische frei für *Let's Dance*. Und der vierfache Weltmeister, der anfangs in der Jury saß, musste das Feld räumen, damit da bloß keiner sitzt, der Ahnung hat und auch noch verständlich Deutsch sprechen kann. Ohne Sprachbehinderungen kommt dieses Format überhaupt nicht aus! Da gibts eben nur was zu lachen, wenn einer einen Akzent hat. Muttersprachliche Eloquenz gilt im Fernsehen mittlerweile als Hindernis. Grauuusam!!! Fehlerfreies Deutsch ist im TV nur Schlaumeiern erlaubt – Leuten wie Jauch und Dr. Hirschhausen, weil: Die wissen ja alles. Und deren Plätze sind ja schon für die nächsten zehn Jahre besetzt. Da lassen die keinen anderen ran ... man könnte ja Vergleiche ziehen!

Und noch ganz wichtig: Es müssen Männer sein, die schlau sind! Für kluge Frauen ist in der Unterhaltung kein Platz. Klug, schlank und auch noch witzig? Da hilft nur eins: Hexenverbrennung!! Noch dazu etwa talentiert? Erinnert an die eigenen Defizite, muss dringend weg. Dann womöglich noch Tanzen gelernt und gar Ballerina gewesen? Klare Sache: Die Achse des Bösen!

Kinder, Kinder ... es klingt wie ein schlechter Witz, aber genau so läuft's!

Und wer dem Schema nicht entspricht, für den haben die Öffentlich-Rechtlichen direkt eine verklausulierte Formel entwickelt: »Du polarisierst eben ...«

Das ist die typische Moderatorenfloskel, oder »Bedenklichkeitsformel«, wenn sich jemand nicht zu einem Kompliment durchringen kann. Für ein ehrliches »Eigentlich kann ich dich nicht leiden« sind nämlich alle zu feige.

Okay, wer polarisiert mehr als ich? Das ist meine hervorstechende Eigenschaft! Das ist meine Schnittstelle mit Dieter Bohlen, Aldi und der *Bild*.

Um eine solche Marke mit Charakter, Ecken und Kanten, klarer Abgrenzung und Alleinstellungsmerkmalen zu kreieren, würde McKinsey jedem Unternehmen Milliarden in Rechnung stellen. Die arbeiten schließlich genau daran, dass Firmen und Marken Kontur bekommen! Und vor allem bitteschön über eine Eigenschaft verfügen: *Polarisieren!*

Wenn man mich in Flaschen abfüllen könnte, wäre ich längst Multimillionärin. Und es gibt jede Menge Prominenz, die eifrig daran gearbeitet hat, mich auszubremsen. Natürlich alles Hanseln, die durch mich vorgeführt bekommen, dass man sich Witz, Esprit, Charme, Humor und Aura für kein Geld der Welt kaufen kann.

Und ob Sie es mir glauben wollen oder nicht: Viele meiner Widersacher sind eines erbärmlichen Todes gestorben. Ehrlich! Niemandem von all denen, die darum bemüht waren, mich zu ignorieren, zu schädigen oder mir Steine in den Weg zu legen, geht es heute besser als mir. Ganz oben auf der Liste der Todesursachen stehen böse Krankheiten. Aber auch unerwartete Unfälle haben dem Übel ein Ende bereitet. Viele sogenannte Kollegen wurden schon in ihren Fünfzigern hinweggerafft. Oft auf mysteriöse Weise. Ein Exliebhaber, der mir übel mitgespielt und mich jahrelang komplett verarscht hat, brach sich erst kürzlich auf einer Rolltreppe das Genick. Dramatische Diagnosen sind auch vermehrt zu beobachten. Böse, sehr böse Krankheiten, mit denen alte Widersacher noch lange ein erbärmliches Dasein fristen müssen. Bei manchen wünscht man sich aus Barmherzigkeit, sie wären lieber tot umgefallen anstatt vor sich hinzuvegetieren. Manche Theater, die mich früher nicht engagieren wollten, wurden inzwischen gar geschlossen! Scheint eben doch gerechtes Karma zu geben.

NEIN, ich will nicht *Everybody's Darling* sein. NEIN, NEIN und nochmals NEIN!

Damit nämlich wird auf Managementebene der Untergang jeder Marke eingeleitet. Das Merkmal all jener, die *Everybody's Darling* sind, besteht nämlich darin, sich ständig alle Optionen offen zu halten. Das Ergebnis: Verwechselbarkeit bis zur Unkenntlichkeit. Austauschbarkeit. Profillosigkeit.

Ich erkenne bis heute keinen Unterschied zwischen Bettina Zimmermann und Mariella Ahrens. Ob nun die oder die kommt, ist doch völlig egal. Lena Meyer-Landrut versus Nora Tschirner. Teppichluder Janina Youssefian oder Micaela Schäfer ... *who's who? And who cares?*

Alle Konturen sind unermüdlich glattgeschliffen, alles total beliebig und profillos. Vor allem aber unwitzig und ohne jegliche Eigenironie. Derlei Exemplare nehmen sich alle viel zu ernst. (Oder wie man bei McKinsey sagen würde: »Kannste alles schreddern!«)

Im Grunde ist der *Everybody's Darling* ein klares NEIN zu Persönlichkeit und Charakter. Man taugt als glattgebügelte Schablone bestenfalls noch als Fotoimage. Klar, es mag auch dafür einen Markt geben, genauso wie für meine fünfzig Rollen Sonnenblumentapete, die ich versehentlich durch einen Ausrutscher auf meiner Maus bestellt habe, und für die es bei eBay tatsächlich einen Kunden gab.

Die Damen wollen ja auch leben, aber dann sollen sie auch die Klappe halten und nicht zum Gericht rennen, wenn der Horizont nicht ausreicht, um Ironie zu verstehen.

Oberflächlichkeit ist zum Programm geworden und sie regiert über Individualiät und Originalität. Aber die Ära, in der man als konturloser Mitläufer gut über die Runden kam, geht zu Ende. Zum Glück! Es gibt wahrlich zu viele schablonenhafte Kopien von allem, was mal irgendwo Erfolg hatte, und jeder, der sich da mit Verspätung einreiht, verschwindet im gigantischen schwarzen Loch des WWW-Universums.

Nur wer erfolgreich gelernt hat, NEIN zu sagen, kann herausstechen aus der Masse, Kontur entwickeln, Orientierung bieten für andere. Als Unikat erlangt man in naher Zukunft wesentlich mehr Bedeutung als als Kopie einer Kopie einer Kopie.

Selbstdisziplin, Selbstorganisation, Selbstverantwortung, Selbsteinschätzung, Selbstkontrolle, Selbstvertrauen – alles, was mich zur Marke gemacht hat und mich durch die ersten fünf Jahrzehnte meines Lebens getragen hat, ist jetzt in der Mitte der Gesellschaft angekommen.

Wer JA sagt zu Anderen, sollte sich vorher überlegen, ob er nicht NEIN sagt zu sich selbst! Das NEIN dient nicht der Isolation, sondern der Selbst-Erhaltung.

Interessanterweise wird man umso mehr respektiert, je beharrlicher man seine eigenen Grenzen zu verteidigen weiß.

Also ich finde, McKinsey müsste mir eigentlich die Ehrendoktorwürde verleihen.

23
JA zum NEIN

JA-Sager, die erstmal schön alles abgenickt haben, mucken gerne am Ende kollektiv am Stammtisch auf. Weil, hier darf man sich ja beim NEIN-Sagen in Sicherheit wähnen. Pah! Erstmal zu allem JA sagen, um den Ball flach zu halten, und dann am Ende wehklagen ... Das ist auch so eine schlechte Angewohnheit, die einen nicht weiterbringt und nur Frust aufbaut.

Es ist halt bequem: Lieber lassen wir andere für uns entscheiden, um uns letztlich der Verantwortung zu entziehen. Das klingt nicht grade nach dem Erfolgsrezept eines Gewinners! Eher nach dem eines Kuschelbärchens und konfliktscheuen Angsthasens.

Aber was viele dabei übersehen: Man kann auch richtig giftig und gleichzeitig scheißfreundlich sein! Streiten mit Kultur halt ... eine äußerst amüsante verbale Sportart.

Doch mit Verlaub: Wer von uns beherrscht das ordentliche Streiten heutzutage noch? Die Streitkultur hat man uns doch komplett abtrainiert, weil man damit auf Suchmasken nicht weiterkommt. Wie soll man sich auch voll aggro streiten mit Alexa? Wer online streiten will, der weicht auf einen armseligen Ersatz für Streitkultur aus: Monologisches Streiten ist allerdings nicht Kommunikation, sondern es nennt sich »Shitstorm«. Und anonyme Deppen verdienen kein Gehör, weil sie Feiglinge sind. Zum Streiten mit Kultur muss man sich nämlich in die Augen blicken! Und hier sieht man bereits, welch armseliges Surrogat so eine virtuelle Plattform doch ist: atemlos!

Das System stößt an seine Grenzen, wenn man den Geschäftsbedingungen nicht zustimmt. Ein NEIN ist eben nicht systemkonform. Hier wird unsere Persönlichkeit, der Widerspruch, die gesamte Gegenseite schonmal im Keim erstickt. Ständig soll man zustimmen, wenn man online ist: den Geschäftsbedingungen, den Bonusprogrammen, dem Newsletter ... Du stimmst meinen Bedingungen nicht zu? Tot! Wir leben ja schließlich vom Liken, vom Abnicken und Durchwinken. Weil ja alles so einfach ist, wenn alle JA sagen. Dabei ist es ein schleichendes Gift, das die Gesellschaft von innen heraus aushöhlt.

Ein NEIN ist gar nicht vorgesehen, geschweige denn individuelle Variablen. Die andere Meinung – also wir – ist sowas wie Unkraut, das (zumindest virtuell) eliminiert werden muss. Immer schön den kleinsten gemeinsamen Nenner promoten und die schweigenden Mehrheiten als schleimige Masse in einen Topf werfen.

Doch um zum NEIN zu finden, muss man sich erst mal klar darüber sein, wozu man aus vollstem Herzen JA sagen möchte.

Der Mut zum NEIN ist nämlich ans Denken gekoppelt. Und das ist nicht jedermanns Sache. Dass man auch ohne nachzudenken durchkommt, wird uns ja tagtäglich vorgemacht.

Es gibt inzwischen ja sogar Kerle, die dadurch zum Star wurden, weil sie Frauen so unterhaltsam schlecht behandeln. Wo Abnormität noch Privilegien verschafft, bricht sich eine kaputte Welt Bahn. Höchste Zeit für einen Weckruf!

JA und NEIN bedingen einander wie Tag und Nacht, Ebbe und Flut, Gut und Böse. Das eine kann nicht existieren ohne das andere.

Neu ist, dass wir mit nicht enden wollender Vehemenz von unnützen Informationen zugedröhnt werden, bis wir nicht mehr wissen wer wir selbst sind. Oder was und wohin wir überhaupt wollen.

Man denkt ja inzwischen, man ist *old fashioned*, wenn man nicht wilden Dreiern und Bukkake-Partys zustimmt. Man fühlt sich *old school*, wenn man feststellt, dass man komplett ohne künstliche Befruchtung und sonstige batteriebetriebene Hilfsmittel auskommt. Wenn man morgens aus dem Bett kommt, ohne von Alexa, Siri und Google aufgeweckt zu werden. Sich ernähren kann, ohne vom Lieferservice abhängig zu sein. Wenn man sich eine Stulle schmiert! Sowas Abgefahrenes wie einen Nachmittagsschlaf macht. Gar Blumen auf der Wiese pflückt oder sowas Verrücktes macht, wie sich einen Wecker aufzuziehen. Da denken die Teenager von heute ja, man wäre auf Crack!

Ich habe viele Kollegen, die sind zu faul, den vollgeräumten Geschirrspüler anzustellen. Oder eine Gurke zu raspeln. Weil sie dann die Reibe abspülen müssten. Kostet ja Zeit, vielleicht sogar ganze drei Minuten.

Wir bewegen uns wirklich in einer generellen, auch vom Staat forcierten Schräglage. Da dürfen 18-jährige Führerscheininhaber keinen Mietwagen buchen, aber bedenkenlos an SM-Festivals teilnehmen und sich auch schon als 16-Jährige anonym durchkacheln lassen. Den Smart darf ich mir nicht buchen, aber mich *doggy-style* mit Hundemaske an der Leine übers Folsom-Festival führen lassen ist okay. Schon klar.

Mensch Angie, geh doch mal aufräumen in deinem Land!

Wie Trophäen werden Fotos eigener und fremder Geschlechtsteile per Whatsapp verschickt. Einige meiner engen Freunde, darunter durchaus prominente, halten sich auch mit sowas Zeitraubendem wie Dating nicht mehr auf. Wenn sie Bock auf einen Quickie mit jemanden aus der Unterschicht haben, dann reicht ein kurzer Blick auf die lange Liste an Telefonnummern auf dem Kühlschrank. Dort finden sich alle Lieferdienste, fein säuberlich nach Nationen sortiert. Immer mit einer kleinen Randnotiz, auf der die Spezialität nach Art Hauses vermerkt ist, seien es Luigis scharfe Peperoni oder Franz Josefs österreichische Käsekreiner. Wenn dann der Lieferservice kommt und gut trainiert in Saft und Kraft im Flur steht, gibts statt ordentlich Trinkgeld noch ein Dessert in Naturalien. Ich kenne viele Leute, die mit Partnern zusammenleben, welche als Essenslieferant in deren Leben getreten sind. Da bringt der Postmann eben alles, was man so braucht: Nahrung, Liebe und Entspannung. Ein Callboy muss ja schließlich bezahlt werden. Doch per Lieferservice gibts das als All-inclusive-Paket für 12,50 Euro! Was braucht der Mensch mehr? Mit einem freundlichen JA zum Kaffee am Küchentisch mag es anfangen, wo es freiwillig endet, ist eine Frage der Chemie.

Ich bin auf Dating per Lieferservice eingegangen, weil ich es für ein Indiz allerhöchster Desorganisation halte, wenn unser Leben zu einer solchen Hetze wird, dass man keine Zeit mehr in der Küche verbringen kann.

Seitdem ich selbst regelmäßig einkaufe und koche, habe ich nochmal fünf Kilo abgenommen und meine jugendliche Silhouette wieder. Schließlich weiß ich, was ich zu mir nehme, und ich muss mit meiner Kost auch keinen Profit machen. Nirgends schmeckt es besser als bei mir daheim. Essen gehe ich hauptsächlich, um den Service zu genießen. Eigentlich zahle ich eher dafür, dass ich nicht abspülen und aufräumen muss. Guter Service ist geil.

Ansonsten will ich aber nicht mehr von Pappdeckeln fressen. Ich erwähne das nur, weil generell ein Lifestyle Usus zu werden scheint, auf den man früher als plebejisch herabgeschaut hätte. In der Jogginghose in Latschen im Plus-Size-T-Shirt vor der Glotze die Fertigkost aus Pappdeckeln einfahren ... bitteschön, aber hat das Leben nicht mehr zu bieten? Hier wäre ein NEIN doch wahrlich eine traurige Prognose.

Wird der Alltag nicht erst lebenswert durch eine gewisse Kultur?

Mein Lifestyle wäre komplett gescheitert, wenn ich nicht mal mehr von richtigem Geschirr speisen würde. Dafür muss es reichen in meinem Leben, denn das bin ich mir wert. Sei es nun Limoges oder KPM.

Drum sage ich nicht nur entschlossen NEIN zu Fastfood und Convenience Food, sondern auch zu einem kompletten Verlust der Tischkultur. Ich sage nur: reinschaufeln, wenn die Glotze läuft ... schade Leute, wirklich schade, denn *schön* ist das alles nicht. Frische Blumen, Tischwäsche, schönes Porzellan, eine brennende Kerze ... alles Ausdruck unserer Persönlichkeit. Die soll zwar flöten gehen, aber ich biete dem die Stirn. Mit Tafelsilber, Kristallgläsern und Kandelabern!

Und weil ich so diszipliniert bin, gibts zur Belohnung immer noch ne Mousse au Chocolat vorm Schlafengehen ... Leute, ein JA zum guten Geschmack und sinnlichen Genüssen funktioniert! Ich sehe erlöster aus als jede makrobiotische

Veganerin, die in ihrer lila Latzhose an der ausgekochten Ingwerwurzel und den Grapefruitfilets lutscht.

Ich finde, dass das Leben zu kurz ist, um Erbsen mit Reis zu füllen. Und deshalb sage ich JA zu Lebensfreude, Qualitätsbewusstsein, sinnlichen Genüssen und Abenteuern, die Herz und Seele erwärmen.

Grundsatzentscheidungen dieser Art formen unser ganzes Leben: Allein das JA oder NEIN zu den diversen Möglichkeiten, unseren Alltag zu gestalten, machen uns zum Piloten der eigenen Lebensreise. Wäre das Leben ein Schiff, würde jeder ziellos umhertreiben und auf Grund laufen, der nicht selbst das Steuer in die Hand nimmt. *So be a captain, for heaven's sake!*

Wenn die Route, die wir anpeilen, erstmal klar ist, wird der Weg dorthin zum Vergnügen.

Wie in der Diplomatie erhöhen Umwege nur die Ortskenntnis.

Irrtümer, Rückschläge, verpasste Chancen, Fehler – all das dient dazu, das Terrain zu sondieren und sich neu einzuorden.

Ein Scheitern wird es nicht geben, solange wir das Steuer fest in der Hand halten und *nicht* auf Autopilot stellen. Und wenn einmal etwas nicht gelingt, ist dies im Grunde wertvoller als ein Erfolg: Denn wir erfahren so, welcher Weg in eine Sackgasse führt, was uns *nicht* zum Ziel bringt. Und genau diese Fehler wissen wir fortan zu vermeiden.

Abkürzungen bringen im echten Leben gar nichts. Wer sich nicht fremdbestimmen lässt, selbst wenn er dafür etwas später über die Ziellinie kommt, sammelt Erfahrungen – während der vermeintliche Sieger einfach 'ne Party schmeißt und nichts dazugelernt hat.

Ein NEIN bedeutet immer, sich auf das festzulegen, was man *nicht* tut, was man *nicht* haben will, worauf man verzichten kann. Dabei darf man auch ruhig weiter in die Zukunft blicken. Und man kann jahrelang an etwas herumbasteln, Jahrzehnte auf etwas hinarbeiten, ohne dass die Fortschritte für andere wahrnehmbar sind. Aber wenn man dann eines Tages das Ziel erreicht hat, heißt es plötzlich »*A star is born!*« Schon klar. »Überraschungssieger« ist dann das Label, das man bekommt. »Unerwartet zum Sieg«, lautet die Schlagzeile.

In Wirklichkeit – und das wissen Sie genauso gut wie ich – sind grade die größten und langlebigsten Erfolge das Resultat eines natürlichen Prozesses: Wie die Blumenzwiebel, die monatelang für niemanden wahrnehmbar unter der Erde arbeitet und gedeiht, und dann plötzlich »von heut auf morgen« durch die Oberfläche bricht – kaum beachtet zunächst, bis sie schließlich im perfekten Moment blütenreich explodiert.

Nachdem wir die Kunst des NEIN-Sagens erlernt haben, ist es an der Zeit, zu neuen Dingen JA zu sagen: JA zum Abenteuer, JA zur Eigenverantwortlichkeit, JA zur Selbstbestimmung, JA zur Unabhängigkeit, JA dazu, Position zu beziehen, JA dazu, Gesicht zu zeigen, JA zu den Grenzen, die wir für uns persönlich ziehen, JA dazu, aufzustehen, auch wenn wir eine Minderheit vertreten. Und vor all diesen JAs steht das eine, das entscheidende – das JA zum NEIN!

Jeder einzelne Tag hat für alle Menschen dieser Welt nur 24 Stunden. Das ist vielleicht das Gerechteste, was es auf Gottes Erde gibt. Es ist unser gutes Recht, genau das Leben zu leben, das wir uns wünschen. Dass wir dazu verdammt sind, die Erwartungen anderer zu erfüllen, ist falsches Denken! Welche Spuren wollen wir auf dieser Welt hinterlassen? Denn mal ehrlich: Niemand strebt danach, als Mitläufer ohne Format in Erinnerung zu bleiben. Doch sind wir bereit, den Preis dafür zu bezahlen, wenn wir uns dazu entscheiden, *nicht* den bequemen Weg zu gehen? Sagt JA zum Risiko, JA zum selbstständigen Entscheiden. Denn dieses JA birgt in sich automatisch ein wichtiges NEIN – das NEIN zur Selbstausbeutung.

NEIN zu den Erwartungen Anderer zu sagen ist ein solch selbstverständliches Recht, dass komplett vergessen wurde, es im Grundgesetz in Stein zu meißeln. Gut, hat man jetzt im Paragraphen um die »NEIN heißt NEIN«-Debatte mit hundertjähriger Verspätung hinzugefügt, damit Schauspielerinnen geschützt sind, wenn der Producer sie beim Meeting befingert.

NEIN auf allen Ebenen zu sagen ist aber nicht nur unser Recht, sondern wir haben es uns verdient, davon ohne Schuldgefühle Gebrauch zu machen.

Um unser JA-Konto zu speisen, müssen wir in viele, viele kleine NEINs investieren. Ich habe es praktiziert, und Leute, es macht richtig Spaß! Man schaut plötzlich wieder in überraschte Gesichter, man holt das Gegenüber aus seinem Wachkoma, man tritt plötzlich in Kontakt, indem man alteingetretene Pfade verlässt, man erntet jenseits der Routine wahrhaftige Reaktionen: Man wird sichtbar!

Nach einiger Zeit erlangt man die wunderbare Gewissheit, dass man tatsächlich seine innere Haltung geändert hat – oder überhaupt endlich mal Standpunkte zu vertreten hat!

Menschen werden sichtbar, wenn sie sagen, dass ein Essen nicht schmeckt, Kleidung nicht sitzt, Haare nicht lie-

gen, Schuhe drücken und Kollegen muffeln. Zur Selbstverleugnung NEIN zu sagen, ist der erste Schritt zur inneren
Freiheit!

Und nun zum Schluss noch ein letzter Rat von mir: Unent-
schlossenheit wird nicht zu Ihrer Weiterentwicklung beitragen. Deshalb beginnen Sie gleich heute damit, Ihr Leben
umzukrempeln und Reichtümer anzuhäufen – wenn schon
nicht in Vermögen und Wertanlagen, dann doch auf jeden
Fall in Erfahrungen, persönlicher Freiheit, Freundschaften
und Zufriedenheit. Diese Werte sind durch kein Geld der
Welt zu erwerben. Nehmen kann sie Ihnen auch keiner, es ist
ein Reichtum, den Sie in sich tragen. Ich verspreche Ihnen,
meine Methode des NEIN-Sagens in all seinen glorreichen
Facetten ist einen Versuch wert.

Und streichen Sie um Himmels Willen das Wort »vielleicht« aus Ihrem Vokabular! Es ist viel zu kompliziert und
hat viel zu viele Buchstaben! Da klingt ja sogar ein »eventuell« noch wesentlich charmanter ... immerhin verspricht
diese Vokabel uns ein *»event«*. Auch wenn es in einem
»Duell« enden mag: Eine Einladung zur Auseinandersetzung mit unserem Partner und eine Einladung zur intensi-
ven Kommunikation ist ein »eventuell« allemal. *No risk –
no fun!*

Fangen Sie am besten gleich heute damit an: Zum Beispiel beim Spontan-Sex auf dem Sofa, weil Sie NEIN zur fa-
den Unterhaltung im TV gesagt haben. Und wenn Sie beim
Höhepunkt Ihrem Partner kein gelogenes »JA!« oder ein
knallhartes »NEIN!« servieren wollen, sagen Sie am besten:
»Ich komme ... eventuell!«

Frauen mögen Orgasmen simulieren – Männer simulieren ganze Beziehungen. Ich habe dazu, und zu vielem anderen entschieden NEIN gesagt. Jedes einzelne NEIN hat mir eine Sorgenfalte weniger beschert! Versuchen Sie's mal:

Sagen auch Sie JA zu der Möglichkeit, der Mensch zu werden, der Sie immer sein wollten. Der Weg beginnt mit Ihrem JA zum NEIN!

Dank

Hallo ihr Lieben, seid ihr immer noch da?

40 Jahre Schweiß und Paillettenkleider haben mir ein Profil gegeben, das unterstreicht, was ich zu sagen habe. Ich tue dies auf unterschiedlichsten Ebenen: Non-verbal, verbal und als Autorin. Ich danke somit Rebekka Göpfert und meinem Verlag, insbesondere Jennifer Kroll, für die Gelegenheit, mein nunmehr zehntes Buch zustande gebracht zu haben.

Das Zeitmanagement war wie immer eine Herausforderung. Dieses Buch entstand nämlich unter höchst unbequemen Umständen. Es wurde in Flugzeugen, verspäteten ICE-Zügen, gemieteten Limousinen, auf Bahnhöfen mit defekten Bänken, in zugigen Wartehallen, schlecht ausgeleuchteten Umkleidekabinen, Theaterkantinen, mehr oder weniger schäbigen Hotelzimmern und in schlaflosen Nächten zu später Stunde geschrieben. Eigentlich immer dann, wenn normale Menschen sich ausruhen würden. Dass meine Erinnerungen, Impressionen und Aufzeichnungen jemals zu einem gebundenen Buch geworden sind, grenzt an ein Wunder, aber dieses Wunder wäre nicht möglich geworden ohne die Hilfe guter Geister.

Meine Lektorin Kristina Langenbuch Gerez hat sich bewundernswert schnell an den Umstand gewöhnt, dass ich meine Kapitel am liebsten um fünf Uhr früh an sie gemailt habe. Parallel zu meinem Frühstückskaffee. Ich schulde ihr Dank ebenso für ihre Geduld wie auch für ihre Anregungen und Vorschläge. Vor allem aber danke ich ihr für die unauffällige

Korrektur meiner schlechten Interpunktion und zahllosen Flüchtigkeitsfehler.

Dieses Werk würde längst nicht so gut aussehen, hätten es nicht die vielen fleißigen Mitarbeiterinnen (jawoll, nur Mädels!) von Eden Books, ganz besonders Katrin Bojarzin, Nina Schumacher und Marion Nielsen, mit Hingabe und Enthusiasmus begleitet.

Danken möchte ich an der Stelle auch meinem langjährigen Managementteam: Gerhard Winterle, meinem Partner in Crime seit über 25 Jahren, der meine Geschichten besser kennt als ich selbst. Und kick.management, die stets dazu beitragen, dass ich den Inhalt dieses Werkes vertanzen und medial zur Schau stellen kann.

Abschließend noch ein Wort an meine treuen Fans: Wenn man eine Bühne betritt, ganz allein und in einem Theater, ist dies ein magischer Moment. Das Publikum sitzt im Dunkeln, blickt erwartungsvoll nach vorn, schweigt und möchte unterhalten werden. Es hat Geld bezahlt, um mich erleben zu dürfen. Es hat lange Wege und mühevolle Anreisen auf sich genommen, hat Autos, Busse und Züge genutzt, Parkplätze gesucht und sein iPhone abgeschaltet, ja, es sitzt offline da, kommt zur Ruhe und ist auf Überraschungen gefasst. Mir nicht bekannte Menschen warten darauf, erweckt, entzückt, entführt, erleuchtet, erlöst und verzaubert zu werden. Sie ahnen, dass ich die Gabe habe, ein Publikum zum Lachen, zum Weinen und zum Nachdenken zu bringen. Punkt zwanzig Uhr, wenn der Vorhang sich hebt. Ich selbst befinde mich in einem überfülltem Raum, allein mit mir und dem Scheinwerferkegel, top geschminkt, top gestyled, Haare immer up to date, das Publikum mehr sinnlich spürend als es sehend. Dies mag beängstigend klingen, doch für mich ist es befreiend.

Ich durfte erfahren, dass ich mit dem Heben eines kleinen Fingers oder einer Augenbraue, mit dem Zucken eines Mundwinkels oder einer kullernden Freudenträne ein ganzes Drama erzählen kann. Etwas von mir verschenken kann. Berühren kann. Ich weiß, dass alles, was ein Publikum erwartet, nur eine Sache ist: zu fühlen. Und durch mein Publikum habe ich erfahren dürfen, dass ich Freude und Gefühle verschenken kann. Mit dem Publikum gemeinsam auf den Wogen des Gelächters getragen zu werden und den Alltag zu vergessen, ist das Aufregendste, was mir das Leben beschert hat. Es ist meine Mission! Dafür danke ich euch allen!

Im Moment der Performance gehören wir alle zusammen! Und dafür liebe ich euch!

Impressum

Désirée Nick
Nein ist das neue Ja
Warum wir nicht alles abnicken müssen
ISBN: 978-3-95910-183-7

Eden Books
Ein Verlag der Edel Germany GmbH
Copyright © 2018 Edel Germany GmbH, Neumühlen 17, 22763 Hamburg
www.edenbooks.de | www.facebook.com/EdenBooksBerlin | www.edel.com
1. Auflage 2018

Einige der Personen im Text sind aus Gründen des Persönlichkeitsschutzes anonymisiert.

Projektkoordination: Nina Schumacher und Katrin Bojarzin
Lektorat: Kristina Langenbuch Gerez
Umschlaggestaltung: Katja Vogt
Umschlagabbildung: © Robert Recker
Layout und Satz: Datagrafix GSP GmbH, Berlin| www.datagrafix.com
Druck und Bindung: optimal media GmbH, Glienholzweg 7, 17207 Röbel/ Müritz

Das FSC®-zertifizierte Papier *Munken Print white* für dieses Buch lieferte Arctic Paper, Munkedal, Schweden.

Alle Rechte vorbehalten. All rights reserved. Das Werk darf – auch teilweise – nur mit Genehmigung des Verlages wiedergegeben werden.

Printed in Germany

Dieses Buch ist auch als E-Book erhältlich.

Um die kulturelle Vielfalt zu erhalten, gibt es in Deutschland und in Österreich die gesetzliche Buchpreisbindung. Für Sie, liebe Leserin und lieber Leser, bedeutet das, dass Ihr verlagsneues Buch jeweils überall dasselbe kostet, egal, ob Sie Ihre Bücher gern im Internet, in einer großen Buchhandlung oder beim kleinen Buchhändler um die Ecke kaufen.